かたくなにみやびたるひと
乃木希典

乃木神社総代会 編著

展転社

はじめに

明治維新から七十七年後、明治天皇崩御そして乃木夫妻殉死から三十三年後、日本は三年八ヶ月の大東亜戦争「武力戦」に敗れ、その後、サンフランシスコ講和条約締結までの六年八ヶ月、占領軍による「追撃戦」にも惨敗しました。「追撃戦」では、占領軍はいわゆる「神道指令」を発して神話を否定し、『教育勅語』排除・無効の決議をさせ、現行憲法を押しつけ、俗に「東京裁判」と称される極東国際軍事裁判で、日本を侵略国家と決めつけました。

そして、明治維新から百五十年後の今日、押しつけられた憲法を改正することが喫緊の問題になっています。憲法改正は、現憲法が押しつけられた直後から、その是非について激しく論議されてきました。特に昭和四十年前後、いわゆる「全共闘革命」前夜には、右左両派の論客達が群雄割拠し、混沌とした時代を見極めようと活発に論戦を繰り広げていました。

当時、憲法改正を積極的に唱えた保守派の代表的な思想家として、葦津珍彦がいます。葦津は、明治末期から昭和初期に活動したアジア主義の巨頭、頭山満に師事し、丸山学派に属する思想史家である橋川文三などからも一目置かれる存在でした。葦津は、敗戦を受けて「皇朝防衛、神社護持」への献身を決意し、右派および神社界の象徴的思想家・運動家として活躍します。そうして葦津は、いわゆる「神道指令」によって混乱し、神道の在り方を必死で模索する神社界を牽引し、宗教法人法施行に伴い今の神社本庁を設立させた、神道界の立役者です。

同じく憲法改正を唱えた憲法学者で、京都大学教授、京都産業大学法学部長を歴任した大石義雄は、当時神社新報（神社界の新聞社）の主筆として不屈の闘志で論陣を張っていた葦津を「今様《いまよう》北畠親房」と褒め称えました。北畠親房とは、いうまでもなく南北朝時代に南朝の正当性を主張し、『神皇正統記《じんのうしょうとうき》』を著した朝廷の名臣です。

その葦津が昭和六十年の秋、赤坂の乃木神社宮司に就任した高山亨に対して語った言葉が、高山宮司自身が著した『乃木神社に神明奉仕するに当たって』（『葦津珍彦先生追悼録』小日本社、平成五年）との一文に纏められていますので、ここに一部を引用します。

扨て、その時の話の内容であるが、概略は次のようなものであった。

「君は、乃木神社の宮司として、何を最も大事に奉仕・努めたらよいか、私の参考意見を申し述べるのでよく聞いて欲しい。御祭神乃木将軍は、古来稀な英雄・偉人として、又、日本人の鏡として、その神徳を高揚致すことが一番肝要と思うのが、一般的な考えであろうと思うが、果たして、それのみで、御祭神が喜ばれるであろうか。乃木将軍自刃後自分は神として祀られることを御自身想定したであろうか。

日露戦争凱旋の折、

「……愧《は》ず我何の顔《かんばせ》あってか父老に看《まみ》えん。凱歌今日幾人か還る」

と詠まれている。又、明治天皇に悲痛の復命書を奏上しておる。その中に「（前略）忠勇ノ将卒ヲ以テシテ旅順ノ攻城ニハ半歳ノ長月日ヲ要シ、多大ノ犠牲ヲ供シ、……臣ガ終世ノ遺憾ニシテ恐懼措《お》ク能ハザル所也……天恩ノ優渥《ゆうあく》ナルヲ拝シ顧ミテ戦死病没者ニ此光栄ヲ分ツ能ハザルヲ傷ム……」

この御祭神の意を体するならば、この混迷する世にあって、乃木将軍の国体観を充分に勉強しなおし、今この世に御祭神が在ますならば、何と考えるであろうか。どのような行動をとられるだろうか。ということを先ず第一に考えて神明奉仕することが、御祭神が一番にご嘉納になる道である。」

以上の内容であったが、種々御祭神の事績・現今の社会・政治情勢を引用してのお話であった。

以来、勿論神明奉仕の基本として、堅持するところであるが、世俗の波高く、自己の弱さをも含めて、お教えを戴いた理想との乖離を唯々恥じるものである。（ルビ・傍

点は編著者）

この文章に遭遇したのはまったくの偶然でした。ちょうどその時は、社務の間を縫って本書を執筆する準備をしている時であり、御祭神の国体観・天皇観について論究するため参考文献・史料を渉猟している過程でしたが、目にした瞬間、全身に雷《いかづち》が落ちたかのような衝撃に見舞われたことを記憶しています。まさに本書で解き明かそうとしていた最大の課題でありました。現今の神職も、笏《しゃく》を持ち威儀を正して外形は整えていても、その精神は収益活動に腐心し、神社神道のあるべき姿から逸れたことに専心狂奔している姿が多々見受けられます。葦津の言葉は、「理想」ではなく「本義」です。神聖な神社境内を商業的施設化することはあってはならないことです。「神社経営のためには仕方がない」というのは詭弁です。私ども伏見桃山乃木神社の神職・役員も、自戒し内省再考する必要があるでしょう。

ところで、乃木関連の書物の中に、金本正孝の『評伝乃木希典《まれすけ》』（川田プリント、平成十七年）があります。金本は、かつて伏見桃山乃木神社を参拝したおり、創建者村野山人《さんじん》の業績を目のあたりにして、「保守の人物と感じていた福田和也等にみられる乃木希典に対する誤解を雪ぎ、真実像を次世代に伝えるためには他人を当てにしていては進まない」との覚悟で本書の出版を決意しました。そして、病と闘いながら『評伝乃木希典』を上梓されたのです。その金本には『かたくなにみやびたる人—蓮田善明と清水文雄—』（渓水社）という別著があります。

清水文雄は、王朝女流文学の権威者であり日本浪漫派の流れを汲み、蓮田善明は朋友でもあります。同時に、三島由紀夫の学習院時代の恩師です。

清水文雄は昭和四十四年、蓮田善明について「かたくなにみやびたるひと」という一文を認《したた》めています。このことについては、後に序章で述べることにします。

さて、乃木希典を称揚する人々から従来語られてきた、乃木に対する通念や評価は「近代化の潮流激しき明治の世にあって、忠節・忠恕・廉恥・廉潔・誠実・質素・仁慈・克己という徳をそなえ、崇高な人格のかがやく古武士的武将の精神を堅持され、武人として、詩人として、また教育者として類い稀な功績を遺された」というものです。

本書ではそれらの評価を一旦白紙にして、乃木の人物と思想の従来の様々な評価や定義などの概念に拘ることなく論じたいと思います。そのことによって、乃木を正当に評価することに繋がり、神として祀られるべき人物であることを再認識することができるはずです。さらにいえば、乃木希典の偉業と精神を永遠に伝え広めることが、我が日本国の道義国家恢復《かいふく》につながるものであると堅く信じています。

冒頭にも誌《しる》しました葦津の言葉「今この世に御祭神が在ますならば、何と考えるであろうか。どのような行動をとられるだろうか」の答えは、本書の中で解明していきたいと思います。本書では、一次資料に基づき、今まで見落とされてきたことなども述べていきます。もっとも、資料は信用に足るものかを慎重に判断しなければなりません。特に気をつけなければならないのは、その文書を記録した人間そのものと、その思想とをよく察しなければなりません。特に政治家や軍人などの「自伝」や「手記」、ましてや「○○伝」などというものは、歴史資料としてはあまり信用できないものが多くあります。文書には遺さず、ただ黙示されていることも数多くあります。黙して語らなかったことの意味も徹底的に考えてみる必要があると感じています。特に乃木希典のような人物については、その「黙」にどのような意味があるかを思うべきです。乃木の『日記』にも黙して語っていないことが多くあります。

元来、乃木希典は良くも悪くも「言挙げ」ということには無縁で過ごされてきましたが、大正元年九月十三日の「殉死」を以て、「慷慨《こうがい》」を体現することで最後に言挙げされたのではないかと観じています。

日露戦争後、皇基を乱す百官有司が跋扈《ばっこ》する世相に危惧を抱いた乃木希典は、保田與重郎の言葉を借りれば、「自殺は最後闘争でもあつた。又復讐でもあつた。それは政治上の敵を精神的に禁獄する唯一の絶対的手段」（「現在日本に缺如せるもの」）として、「諫死《かんし》」としての「殉死」をしたのかも知れません。残念ながら、この確証を得ることは大変困難に思えますが、本書ではできるだけその真実に迫れるよう論じていきたいと思います。

いずれにせよ、明治天皇への「殉死」を以て、君民一体の本義でもある天皇をお守りするという道義を示されたことは間違いありません。

金本正孝は、乃木への誤解を雪《すす》ぐため、『評伝乃木希典』の中で膨大な資料を基に、一つ一つ反論を加えていますが、本書では、司馬遼太郎、福岡徹などの言説への評価は、事柄ごともしくは「追録」で福田恆存・小林秀雄・保田與重郎らの論考を紹介しますので、読者各位の評価に委ねます。

ここでは、本書執筆の姿勢を明確にするため、保田與重郎『述史新論』の「日本人」と司馬遼太郎の「天皇観」を紹介しておきます。

今日の時務情勢を裁斷し、當面の危機の打開のためには、國民的自覺の回復と、その權威の樹立が緊急である。日本の本質論的闡明が、今日に於ける窮極唯一の方法と信じられるのである。我々は人間である以前に日本人である。日本人であることの自覺によつて、人道に寄與し得る事實を知つたのである。我々が日本人であることは運命であるが、それはそのまゝに使命である。（保田與重郎『述史新論』〈『保田與重郎文庫32』新学社、平成十五年〉）

日本の歴史をみるときに、天皇の問題をはずすと、物事がよく見えるね。天皇問題にこだわるとぜんぜん、歴史が見えなくなる。だから、天皇というものからきわめて鈍感に、それを無視して眺めると、幕末もよく見えるし、明治も見えると思っている。（中略）

その癖があって、天皇というものは尾骶骨のようなもので、おれたちには関係のないものだと思っているけれども、（以下省略）（司馬遼太郎『天下大乱を生きる』〈河出文庫、平成十七年〉）

これが〈国民作家〉ともて囃されている司馬の言葉です。

いうまでもなく日本あっての天皇でなく、天皇あっての日本であることは自明のことですが、どうも司馬はそうではない人種のようです。

なお、字体と仮名遣いについては、重要と思われる箇所では、原則として引用文献にある漢字は新字体に改めていません。本文中の人名については、原則として敬称は略させていただきました。御祭神も同様です。どうぞお許し下さい。

目次

序章　かたくなにみやびたるひと

みやび心と尊皇攘夷

王朝文学研究の国文学者で知られる清水文雄は、「かたくなにみやびたるひと」という文章で蓮田善明について、

「みやび」が敵を討つ——第二次応召の予測が次第に強まってきた頃、このような言葉を蓮田の口から直接聞いたことがたびたびあるし、書いたものの中にも同じ意味の言葉が何度か繰り返された。抱愛と拒絶、やさしさときびしさ、この相表裏する二つの契機を内包するところに、「みやび」の真姿があったのである。一見女々しい優柔体の様相を呈しながら、利己・欺瞞・倨傲・俗悪……など、すべて正雅ならざるものに対する時、「みやび」は一転して破邪の剣となる。したがって、「みやびが敵を討つ」とは、非常時に対処する「ますらを」の決意を表明した言葉であった。（清水文雄『続河の音』「かたくなにみやびたるひと」王朝文化の会、昭和五十九年）

と述べています。

蓮田善明は、明治三十七年に熊本県植木で生まれ、熊本県立済々黌から広島高等師範学校に進学、卒業後鹿児島第四十五連隊に入隊。その後中学校の教職に就き、広島文理科大学を卒業しています。昭和十三年には応召となり、熊本歩兵第十三連隊に歩兵少尉として入隊し、軍務にあたりながらも執筆活動を続けます。昭和十五年十二月、召集解除となり帰国しますが、昭和十八年再び応召となり、マレー半島のジョホール・バルで終戦を迎えます。その四日後、上官である中条豊馬大佐が不敬発言をしたことで、中条大佐を射殺し自決しています。

蓮田のいう「みやび」「みやびが敵を討つ」について、荒岩宏奨に優れた講演録があります。『国風のみやび』（展転社、平成二十七年）からその一部を転載します。

まづは、蓮田が「みやび」をどのやうに捉へてゐたのかを蓮田の作品から見ていかう。

みやびといふのは、宮びであり、御家《みや》びであることは言ふ迄もない。皇神《すめがみ》の大御手《おほみて》ぶりである。皇神の振舞ひ給ひ、楽しみ給ふ姿である。又その皇神のふりに「神習ふ」（「古事記」）ことである。それ故神を祭るにも神の御心に足らふやうに、ゆたかに、おほらかに、みやびて、うるはしくなければならない。（『本居宣長』「みやび」）

宮とは天皇や神の住まうところである。蓮田は、皇神や天皇の振る舞ひ、または皇神や天皇に倣ふことをことをみやびとしてゐる。かういつた解釈は蓮田独自のものではなく、ごく一般的な解釈である。（中略）

皇神の御心と手ぶり――つまり、みやびは国民の心に滲み透つて血肉となつて生きてゐる。つまり、国民は誰もがみやびな心を持つてゐるといふことである。そして、国民はみやびな心を持つてゐるから、えみし心を払はうとする。これが尊皇攘夷である。みやび心は実は尊皇攘夷と結びついてゐる。すなはち、「みやびが敵を討つ」のである。そしてその尊皇攘夷は自然な心なのである。（中略）

現し世を神さりましし大君のみあとしたひて我は行くなり

出でまして還ります日のなしときく今日の御幸に逢ふぞ悲しき

乃木希典

乃木靜子

右二首、言ふまでもなく将軍夫妻の辞世の歌である。私は思ふところあつてこの二首を以てこの興国の百首の最後とすることを「まへがき」にも断つておいた。かの小倉百人一首も　順徳上皇の「百敷や古き軒端のしのぶにもなほ余りある昔なりけり」がその最後となつてゐる。いささかこれに倣つて現代への諷言ともしたかつたからである。

将軍夫妻の実に忠誠一念乱れざるこの処決は、単に夫妻の精神を語るのみではなく、その後の日本の魂を忘れて彷徨した悲しむべき時代に対する最も厳しい批評であり慷慨であると信ずるからである。今日の戦争と、そして若し真に今日の和歌があるとするならばその和歌とは、単に対外的にのみでなく、実に我等自らに向かつてもまた痛烈な憤りでなければならない。

大正元年九月十三日、御大葬の轜車御出門の砲声を聞きながら、明治天皇の御尊影の前にこの辞世を恭しく供へて、夫妻はうち揃つて自刃した。まことに荘厳な事実である。（『興国百首』）

『小倉百人一首』の最後に順徳院の御製が配置されてゐることに倣つて、蓮田は『興国百首』の最後に乃木夫妻の辞世を配置し、現代への諫言とした。順徳院の御製は朝廷が衰微してしまつた現状への悲しみと憤りと拝し奉る。（中略）

生と死は表裏一体である。死を考へるといふことは生を考へることに必然的につながつていく。死と対面することによつて文化が新たに甦る。すなはち、死は文化なのである。清水文雄は、みやびは「抱愛と拒絶、やさしさときびしさ、この相表裏する二つの契機を内包する」としてゐたが、生と死といふ相表裏する二つの契機も内包してゐるのである。（中略）

蓮田は「死ね」と言はれることを望み「死ぬ」といふ言葉を求めた。その死によつて、国風文化であるみやびを生かしめることになると考へてゐた。そして、「死ね」といふ声を聞いた英雄として日本武尊を発見した。（中略）

日本武尊は、大津皇子、志貴皇子、神風連、乃木大将と連なる、死は文化であるといふ思想の原点的存在であらう。日本武尊は天皇から「死ね」とみことのりを賜つたわけではない。日本武尊がそのやうに感じて倭比売命に嘆かれたのである。蓮田は「死ね」といふみことのりを賜つたのだと日本武尊自らが決意されたのだと考へてゐる。すなはち、日本武尊が聞いた「死ね」といふ声は、日本武尊御自らの声といふことになる。蓮田は大津皇子を「此の詩人は今日死ぬことが自分の文化であると知つてゐるかの如くである」としたが、死ぬことが文化であるいふことを決定づけたのは日本武尊なのかもしれない。

荒岩は、ここで「みやび心は実は尊皇攘夷と結びついてゐる。そして、その尊皇攘夷は自然な心なのである」と語っています。ただし、注意しなければならないのは、「尊皇攘夷」は本来位相を異にする二つの志向が結合されたものであり、「尊皇」と「攘夷」の何れが本質であるかの認識により「尊皇攘夷」は異質なものを包含する思想になるということです。それは、明治維新そのもの、さらに「明治の精神」の評価にもつながります。

乃木希典が、玉木文之進や吉田松陰の著書を通じて学んだ松陰の「尊皇攘夷」論も、実は大きな変遷を経ています。安政三年の冬、松陰が赤川淡水に宛てた書簡に「世の尊攘家には尊皇から攘夷が導かれた者と、逆に攘夷から尊皇へと至った者との二つがある。自分は幼いころから兵学を修めてきたので、外敵に対して天皇の治めるこの日本を守るべきなのは分かっていたのだが、攘夷と尊皇とのいずれが重要なのかはよくわかっていなかった。先の八月にある友人に啓発されて、自分は攘夷を主問題と考えていたが、それはまったく誤りだと気づいた。自分は本当に尊皇の志から尊攘論を説いていたのではないのだ」（原文抄訳）と、強烈な自己批判を述べています。これは、後世「転向」「コペルニクス的転回」

と呼ばれます。

蓮田や荒岩の尊皇攘夷の理解には、尊皇が重要であることはいうまでもありませんが、学びの濃淡があるので、明治維新の折、長州の松下村塾の塾生がどのように捉えていたかを解明する必要があると感じています。

「殉死」そして「神」として祀られる

明治四十五年七月三十日午前零時四十三分、明治天皇は遂に崩御せられました。

乃木は、明治天皇の御側において最後の拝訣を許され、払暁悄然として宮中を辞し、参謀本部前の濠端で宮城を遙拝し帰宅しました。自邸に戻ってからの乃木は、毎日参内して殯宮《ひんきゅう》に伺候し哀悼の誠を捧げるほかは、ほとんど自室に籠もるようになります。八月一日には門の表札を外して、諒闇中来客の少ないことを口実に書類などの整理等、身辺の整理を始めています。

元号が大正に改められて九月に入ると、八日に山県有朋を訪問し、乃木自ら抜き書きをした山鹿素行《やまがそこう》の『中朝事実《ちゅうちょうじじつ》』抜抄を、今上陛下（大正天皇）に献上願いたいとの申し入れをしています。山鹿素行は、江戸前期の儒学者で武士道理論を組織立てた元祖です。素行が著した『中朝事実』は、日本の皇統を明らかにした歴史書で、乃木の抜抄は、この『中朝事実』二巻十三章のうちから皇統の由来・三種の神器の意義・学問の必要性とその在り方・人材選抜の必要性・祭政一致の政治の基本・礼儀の重要性・賞罰、祭祀等々、三十四節が抜き書きされていました。かくしてこの献上書は、大正天皇の御手元に届けられました。天皇は、漢学侍講の三島中洲を召され、字義を質され数日間御精読遊ばされました。そして再び三島を御召しになり、種々の御下問をされています。

乃木は、この献上書を浄書進献することで、大正天皇に対する忠誠心を示したといえます。

乃木は、明治四十一年五月に、自費で『中朝事実』抜抄を活版印刷し、明治四十一年七月七日、明治天皇・美子皇后に内献していますが、この本はその印刷本ではなく、乃木が自筆で書写したものでした。

明治天皇が崩御された当時は、明治維新以降、鹿鳴館時代以後の西欧文明が、さらに流入を増していた時期であり、わが国固有の文化に大きな衝撃を与えていた時代でした。

乃木殉死の翌年の春、大正天皇は、乃木の「惜花（花を惜しむ）」と題する和歌を読まれて、次の漢詩をおつくりになって乃木を偲ばれています。

読乃木希典惜花詞有感
草長鶯啼日欲沈
芳桜花下惜花深
桜花再発将軍死
詞裏長留千古心

乃木希典の花を惜しむ詞を読みて感有り
草長《の》び鶯啼《な》いて日沈まんと欲す
芳桜花下花を惜しむこと深し
桜花再び発《ひら》いて将軍死す
詞裏長く留む千古の心

なお、乃木の「惜花」という和歌は、

色あせて木ずゑに残るそれならでちりてあとなき花ぞ恋しき

というものです。この和歌は、次男保典《やすすけ》が戦死したことを追懐して、その至情を述べた作と伝えられています。

また、貞明皇后にもこの時大正天皇が詠まれた詩と同題の漢詩があります。

同題
墜紫残紅夕日沈

同じ題で
墜紫《ついし》残紅夕日沈む

寂寥春晩感尤深
惜花志士如花散
追慕難忘殉主心

寂寥《せきりょう》の春晩感尤も深し
花を惜しむ志士花の如く散る
追慕忘れ難し殉主の心

乃木は十一日、東宮御所において、皇太子裕仁親王（昭和天皇）・雍仁親王（秩父宮）・宣仁親王（高松宮）に拝謁しています。この時のことについて、東宮主事桑野鋭は『日記』に次のように誌しています。

乃木院長には、先帝崩御以来御機嫌伺として必ず隔日に参殿御帳簿に記名せられしが、九月十日、明日は是非拝謁を請ひ度き旨申入れあり、依て十一日には其の準備を致し置きしに、午前十過ぎと覺ゆ。参殿ありしを以て、自分拝謁の間に案内せしに、皇太子殿下二皇子殿下御列立の前に伺候せられて、先ず御機嫌を伺はれたる上、皇太子殿下に對し奉り、希典も今回コンノート殿下接伴員を仰付けられ、同殿下近く御帰國あるに依り、御見送等の為め少しく遠方へ参るべく、學習院始業式の頃は不在と存ずるを以て、今日拝謁を願ひました次第にて、殿下にも今回　皇太子に立たせ給ひたる上は、學習院にても是迄は一般の皇族と御同様の御取扱ひを申上げ来りましたが、以後は皇太子殿下として御取扱ひ申上げるやうに相成るべく、就ては一層の御勉學あらせられんことを願ひ奉ります。殊に陸海軍にも御任官遊ばされ、他日皇位に卽かせられて大元帥陛下と仰がれ給ふべき所の御學問も最も御必要なれば、御身體を御大切に遊ばすと共に、是れよりは中々御多端なれば御油斷なく幾重にも御勉強の程を願ひ奉ります。

之は【中朝事実（前述）、中興鑑言《ちゅうこうかんげん》（江戸中期の儒学者三宅観瀾が著した、建武の新政の得失を論じた本）の二書を奉呈して】希典が平素愛讀仕ります本にて、肝要の處には希典が自ら朱點を施し置きましたが、今は未だ御分りは遊ばされざるべきも、御為になる本にて、追々御分り遊ばさるべく、只今の中は折々御側の者に讀ませて御聽取遊ばされる、やう、獻条仕り置きます。

と一禮して二皇子の方に對し奉り、只今希典が兄宮様へ申上げたる事は、宮様方にも御聽取遊ばされたるべく、宮様方にも御身體を大切に、十分御勉學ありて、兄宮様を御輔佐遊ばす様御心懸肝要に存じ奉ります。

と言上して退出せられたり、是れぞ院長が最期の拜謁なりし。

このことについて、『昭和天皇実録』（宮内庁、東京書籍、平成二十七年より発行）には九月十日であるとして次のように記載されています。

午前十時四十分、学習院長乃木希典参殿、拝謁申し出につき謁を賜う。乃木は『中朝事実』を献上して退出する。（『昭和天皇実録』九月十日の条　抄録）

日付も異なり内容も『中興鑑言』が欠落しています。

この日献上された『中朝事実』は、五年後の大正六年九月十三日、東宮御学問所での倫理学の御進講において、杉浦重剛が「乃木将軍が献上した本があるはずですが云々」と尋ねたところ「『中朝事実』です」と御答えになったということです。『昭和天皇実録』では、桑野鋭の『日記』も資料として記述していますが、なぜか十三日の条そのものに記載がありません。その理由は、後述する『中興鑑言』にあるかも知れません。

乃木は、殉死までの間、参謀本部、陸軍省、旧藩主毛利家など、世話になった人たちや親戚を歴訪して訣別の意を尽くしています。

九月十三日午後八時、乃木と靜子夫人は、明治天皇の御霊柩が殯宮を御出発する砲声の鳴ると同時に自刃し、明治帝の御跡を追い奉りました。

神あかりあかりましぬる大君のみあとはるかにをろかみまつる
臣希典上
うつ志世を神さりまし大君のみあと志たひて我はゆくなり
臣希典上
出でましてかへります日のなしときくけふの御幸に逢ふそかなしき
希典妻靜子上

これらは、乃木夫妻が遺された辞世の詠です。

夫妻は、先逝された明治天皇への忠義を貫き、自らの命を天皇の御霊に奉じられたのです。そして死してなお「臣希典」であり、「殉死」は乃木の純粋な思想的形象として完成しようという覚悟によって成されたものです。

乃木の訃報が報道されると、多くの国民が悲しみ、号外を手にして道端で涙にむせぶ者もあったとのことです。

明治四十一年四月に学習院に入学された迪宮裕仁親王は、足掛け四年、乃木院長の薫陶を受けられました。その迪宮裕仁親王の思慕の強さが偲ばれる御落涙が『昭和天皇実録』に記述されています。

昨夜霊轜宮城を発する頃、軍事参議官兼学習院長陸軍大将伯爵乃木希典は、自邸において夫人静子とともに自刃する。この日午前、皇子御養育掛丸尾錦作より乃木自刃の旨並びに辞世などをお聞きになり、御落涙になる。（『昭和天皇実録』大正元年九月十四日の条　抄録）

乃木が、昭和天皇にとっていかに敬慕すべき存在であったがよくわかります。

学習院御用掛小笠原長生参内し、学習院長乃木希典の死去を学習院として正式に届け出る。なお、乃木の遺書中に小笠原宛の一通があり、同遺書は、皇室の御為め、学習院今後の成立上の尽力を懇願する旨で結ばれていた。（『昭和天皇実録』大正元年九月十五日の条　抄録）

昭和天皇の二度目の御落涙。

陸軍大臣下村定に謁を賜う。陸相より、明治建軍以来の歴史から今回の敗戦とそれに伴う軍隊の解散の経緯につき上奏を受けられる。天皇は落涙され、陸軍の歴史につ

き御感慨を述べられる。（『昭和天皇実録』昭和二十年十一月三十日の条　抄録）

敗戦後はずっと背広姿であった昭和天皇が、この時だけは再び軍服を着て、下村の奏上を受けて一緒に涙されています。

乃木殉死への反響

乃木の訃報は、日本国内にとどまらず、欧米の新聞に於いても多数報道されました。特に、ニューヨーク・タイムズには、日露戦争従軍記者リチャード・バリーによる長文の伝記と乃木が詠んだ漢詩が二面に亘って掲載されました。

一方で、乃木の教育方針に批判的だった白樺派の武者小路実篤や志賀直哉、芥川龍之介などの一部の新世代の若者たちは、乃木の死を「前近代的行為」として冷笑し、批判的な態度をとりました。これに対し夏目漱石は小説『こころ』、森鷗外は小説『興津弥五右衛門の遺書』をそれぞれ著し、乃木の死に心を寄せました。

元神宮少宮司の幡掛正浩は、『乃木将軍を祀るこころ』『洗心』（昭和四十二年一月一日発行）で次のように語っています（抄録）。

日本全国には約八万の神社があるが、その大部分は、宮廷にもち伝えられた信仰と、この国の庶民のもち伝えた信仰、この二つが実は全く一つで、これが一つであるということが我が国民が容易に君民一体を信じ、万世一系を信ずることの出来た素朴明快なる根拠であるが、―そういう信仰を表現したところの神社である。
だがその他にも、右の信仰と別というわけでは無いが、別趣の特色をもった神社がある。乃木神社のごときは、まさしく、その一つである。（中略）
乃木将軍を神に祀ったのは、まぎれもなく日本の庶民のこころであり、長州の藩閥でもなければ、大正の教化がお好きな台閣でもない。
その庶民というものは、昔も今も、米がよく出来ますように、商売が繁盛しますように、子孫が長久でありますようにと、きわめて尋常に八万の神社を営んできたし、きている。そのような庶民が、一方に於いて、あのようにも崇高な乃木将軍を神に祀るのである。一番崇高なものが、本当は一番なつかしいということを現している現証である。（中略）
志賀直哉という人は小説の神様だそうであるが、そういうことを信ずる人は、文章というものについて、語る資格のない人間である。
その人が、乃木将軍夫妻の殉死の報を聞いて漏らした感想は、およそ「卑しさ」というものの極みであるから、卑しいということがどんなものであるか、よくわからない人は、あれを読んで悟るところがあったらよいだろう。（中略）

何でもない平凡なくらしと信仰をもち伝えた日本の庶民国民の、心情の中に仰がれ、開かれた、まぶしいばかりに崇高な、そして一番なつかしい一つの典型が乃木将軍御夫妻であった。

私共は、その点に不抜の自信をもちたい。

また、当時の知識人も乃木の死を悼み、和歌を詠みました。

山階宮事務官香川秀五郎の和歌

よのひとはなんというかはしらぬどもわれはかみともあがめまつらん

『萬朝報』黒岩涙香の和歌

今日まではすぐれし人とおもひしに人と生まれし神にぞありける

明治三十九年日露戦争から凱旋し、明治天皇に復命書を奏上してから晩年の乃木は、神に近い存在として国民に崇められていました。「殉死」という道を経て、まさに本居宣長の謂う「尋常《よのつね》ならずすぐれたる徳《こと》のありて可畏《かしこ》きもの」として、神になり得たのです。

伏見宮貞愛親王には、九月十六日の股野秘書官長の談話では、

　乃木の死、世間或は狭量に過ぐると言ふ者あるやも知れざれど、彼の死を以て徒労と云はば、楠公の死も或は時機に非ざりしやも知るべからず。蓋し乃木の忠誠、楠公の夫に下るべからず。先帝の鴻恩に感じ、乃木の至誠を思ふ程の者は、必ず彼を神社に祀り、彼れの義烈を日本国民子々孫々に伝へ又以て彼の死を徒労に終らしむべからず

との御言葉があったといいます。

冒頭の葦津珍彦の言葉「乃木将軍自刃後自分は神として祀られることを御自身想定したであろうか」の答えは否でしょう。しかし、以上のように当時の日本の社会には何のわだかまりもなく、乃木は、日本人の心の体現として、神として祀られることになったのです。

第一章　乃木希典の人格形成と思想形成

生誕から少年期

嘉永二年十一月十一日（一八四九年十二月二十五日）、長州藩の支藩である長府藩藩士乃木希次《まれつぐ》（馬廻役）と壽子《ひさこ》との三男として、江戸麻布日ヶ窪の長府藩上屋敷（現、東京都港区六本木六丁目）に生まれました。希典の長兄および次兄は、すでに夭折していたため世嗣となります。

幼名は無人《なきと》。兄たちのように夭折することなく壮健に成長して欲しい、という願いが込められていました。

父希次は、江戸詰の藩士であったため、無人は長府藩上屋敷において十歳まで生活しました。なおこの屋敷は、かつて赤穂義士の武林隆重（武林唯七）ら十名が切腹するまでの間預けられた場所であったので、赤穂義士のことは無人の心に強く刻み込まれ、その後の人格形成に大きな影響を及ぼしていたと思われます。

幼少時の無人は、虚弱体質で極めておとなしい性格であったため、悪童連から無人の名にかけて「泣き人」と揶揄《やゆ》されていたとの説が伝わっていますが、あくまでも伝承で、実際そうであったのかは不明です。

乃木家には「武士は平素よりあらゆることを想定して、それに耐える訓練をしておく必要がある」として、忠孝はもとより質素倹約を自ら実践する家風がありました。「凡そ天を頂き地を履んで丈夫たる者は、忠孝を励まし、身を立て、名を揚げて父母を顕し、人のため世のためになりてこそ、天地の間に生き甲斐はあらめ」は、乃木家の家訓です。

また乃木家では、希次が毎朝出仕前に、無人に一条の教示をしてから出かけるという慣習がありました。乃木は、その時に諭された一条一条を「いろは数え歌」にして遺しました。これをできるだけ原文に沿って、一部を書き改めたのが『乃木家家庭訓「いろは数え歌」』です。その一部を紹介します。

い　幼《いとけ》なき子供に判るいろは歌読んで覚えて正義行《まこと》へ
ろ　碌々《ろくろく》に知らぬ事をば談《はな》すなよ深く問はれて恥をかくなり
は　箸持《と》らば主人と親の恩を知れ吾が一力で飲食《くふ》と思ふな
に　日本の教えの基は仁義礼智信忠孝の道と忘れ給ふな
と　取り遣《や》りと世間の義理を欠かすなよ勤めて家は倹約にせよ
わ　我儘《わがまま》は世間の人に憎まれて損はあれども得はないぞよ

お　恩受けし人を忘れて仇するな大事にかけて恩を返せよ
け　家来とて邪慳《じゃけん》にすれば御主人の恩を忘れて仇をするなり

この父の教えが、乃木の人格形成に多大な影響を与えたことは想像に難くありません。なお、詳しい時期は不明ですが、無人は左目を負傷して失明しています。乃木生涯の友であった桂彌一が、昭和八年長府に創設した「長門尊攘堂」に、乃木の実弟集作が遺品「隻眼鏡」を寄贈したおり、陳列に際して以下の説明が付されていました。

乃木大将ハ年少ノ頃臥病中ニ母上ノ過失ニテ眼ヲ傷ケラレ為ニ片眼ハ用ヲナサヾリキ、サレド大将ハ母ノ過失ヲ言フコトヲ好マズ、生涯之ヲ秘シテ知ル人ナカリキ

乃木はこのことを、自分一人の胸に畳みこんで墓まで持って行ったのです。人の過失を責めない乃木の信条、あるいは性行の起点に、この経験があったものと思われます。

安政五年十一月（一八五八年十二月）、希次は藩主の継嗣問題の「建白」により執政達の反感を買い、長府（現、山口県下関市）へ下向するよう藩から命じられた上、閉門および減

俸の処分を与えられました。無人もこれに同行し、同年十二月（一八五九年一月）、長府へ転居します。この移転の旅に、無人は父とともに江戸から京・伏見までは歩き通し、伏見からは川船で大坂に至り、大坂からは海路をとり長府豊浦に着いています。既にこの長途の旅に耐えうる頑健な体ができ上がっていたものと思われます。

安政六年四月（一八五九年五月）には父の閉門処分も解け、十一歳になった無人は、漢学者の結城香崖に入門して漢籍および詩文を学びはじめます。十月からは江見後藤平衛に就いて武家礼法および弓馬故実を学びました。

なお、この年の十月二十七日、山鹿流兵学師範（後述）吉田松陰は、伝馬町の獄舎で斬首されます。

無人は、万延元年一月（一八六〇年二月）以降、流鏑馬、弓術、洋式砲術、槍術および剣術なども学びはじめ、さらに三月からは、兵書および歴史などを学び、武士として文武両道の素養を身につけていきます。

文久三年一月、長州藩の財政を立て直し、幕末期長州藩が雄藩として活動する基礎を創り上げた人物である村田清風の、かねてからの提案により、山県小助（有朋）は入江九一、品川弥二郎、杉山松助、伊藤俊輔（博文）らとともに士分にとりたてられています。

文久三年六月十六日（一八六三年七月）無人は、長府藩が設けた年少の武士を教育する集童場に入って学びはじめます。

同月、高杉晋作が奇兵隊を結成します。しかし無人は、奇兵隊に入隊はしていませんでした。同年八月十八日、いわゆる「七卿落ち」の政変で、七名の公卿が長州へ都落ちします。同年十二月、十五歳になった無人は、元服して父の書写した吉田松陰の『武教講録』を授けられ、名を源三と改めました。乃木は、明治四十三年にその『武教講録』と山鹿素行著の『武教小学』『武教本論』をそれぞれ六百部、自費で活版印刷しています。

元治元年三月（一八六四年四月）、十六歳の源三は、学問に精進することを志して父に願い出たところ許されず、無断で家を出て、長府から十九里以上離れた萩まで徒歩で赴き、松下村塾の創設者である玉木文之進への弟子入りを試みました。玉木家は、乃木家の親戚筋で、文之進の長兄杉百合之助は吉田松陰の実父であり、次兄の吉田家を継いだ大助は松陰の養父であるため、松陰にとって文之進は同縁の深い叔父にあたり、松陰に山鹿流兵学を教え、大きな影響を与えた人物です。文之進は、十歳の時に玉木家の養子になっていました。文之進は、源三が希次の許しを得ることなく出奔したことを責め「武士にならないのであれば農民になれ」と一喝し、源三の弟子入りを拒絶しました。しかし、文之進の妻の取りなしなどがあり、結局源三は玉木家に起居することを許され、農作業を手伝う傍ら、学問の手ほどきを受けることになります。

明治四十年の夏、学習院院長であった乃木は、生徒に当時のことを次のように語っています。

或は山林に行き、或は畑に行きなどして農事に携はれり、玉木翁は腰に大小を挿しながら、肥桶を荷ひ耕作をせられたり。余は碌々撃剣も学びたることなかりしかば、重き鍬鎌を採りて耕作に従事するは誠に困難なりしを以て、初は茶を運び、農具を携へ行くなどの手伝をなせるのみ。其の後に至りても幾度か困難に堪へずして玉木家を去らんとの念も生じたれど、なほ暫く忍耐する内に次第に事慣れて、終には困難とも思はず、大に興味を生ずるに至れり。農耕の暇には畑中にて玉木翁より学問上の話も聞き、夜に入れば、夫人が緜を紡ぐ傍らにて日本外史などを読み習ひたり。此の如くすること一年に及びしに、余が体力が著しく発達し、全く前日の面影を一変するに至りぬ（『乃木院長記念録』学習院輔仁会、大正三年）

源三が文之進宅で起居し始めて暫くした頃、父希次は、文之進に源三の学資と、自ら浄書した山鹿素行『中朝事実』（後述）を源三に贈っています。

元治元年七月十九日、禁門の変。吉田松陰が『孫子評註』を託した松下村塾塾生久坂玄瑞らが死す。

元治元年八月五日、四国連合艦隊馬関（下関）を砲撃。同十四日、長州藩は四国と講和。

元治元年九月（一八六四年十月）から源三は、萩藩の藩校・明倫館の文学寮に通学することとなり、この時文蔵と名を改めたといわれています。一方で、同年十一月（同年十二月）から栗栖又助に就き一刀流剣術も学び始め、慶応四年一月（一八六七年二月）には、技術習得を意味する「目録伝授」されていることから、学問のみならず武道も真剣に鍛錬し、優れた技をもつ青年として明倫館で名をあげていきます。なお、文武両（二）道とは、文武を別個のものとして認識するのでなく、文武は一体であると確認して、それを二つながら活かすことです。

慶応元年正月、高杉晋作が、長州藩政府に対し挙兵（功山寺決起）。同月、諸隊（御楯隊）が絵堂で藩政府と激突、玉木彦介（玉木文之進の子）が陣歿しています。高杉等諸隊（奇兵隊）は、内戦を経て藩権力を掌握します。幕末、藩の内部で内戦が起こったのは水戸藩（天狗党）

と長州藩ですが、長州は下（高杉らの諸隊）が上の藩政府を打ち倒して、藩政を掌握します。下が武力で上を従わせる構造を、維新雄藩の中で長州藩は唯一確立したのです。
慶応元年二月八日、文蔵は長府藩報国隊（長府藩士）に呼応して、集童場時代の友人らと盟約状を交わしています。長府図書館には、その盟約状の書写が所蔵されていて、「乃木無人源頼時」の名前が最初に記されています。しかし、それはあくまでも原本ではないので、二月初旬に長府に滞在していたかを含め、写しの記載が正確であるかどうかは不明です。

『士規七則《しきしちそく》』について

慶応元年文蔵は、文之進から吉田松陰直筆の『士規七則』を授けられています。この『士規七則』については、後年、乃木が那須で農人生活をおくっていた時、長男勝典《かつすけ》二十四回目の誕生日を祝って贈られた書簡がありますから、乃木の思想形成を知る上で重要なことなので、ここにその書簡の全文を掲載し、更に『士規七則』について述べておきます。

茲ニ少尉ノ二十四回誕辰ヲ祝シ贈ルニ松陰先生士規七則ノ額一面ヲ以テス少尉カ

幼時ニ於テ勅諭ノ五ヶ條ト此士規七則ヲ屡々讀聞セタル事ハ尚ホ記憶ニ存スル処ナラン然ルニ

勅諭ハ日夕自ラ拜誦ノ事アルハ現職ニ在テ軍務ニ從事スル上ニ欠ク可ラザルノ一要事タルヲ信スト雖モ士規七則ニ至テハ或ハ之ヲ讀誦スルノ時ニ乏シカランヲ疑フ素ヨリ軍人ノ精神ヲ養フニ於テ五ヶ條ノ

勅諭ニシテ足レリ敢テ其他ヲ要セスト雖モ余カ青年時ニ於テ大父君及ビ玉木先師ノ常ニ此七則ヲ以テ敎ヘラレシ事ヲ想起スレハ今尚ホ其恩音ニ接スルカ如シ近時特ニ感スル処アリ故ニ一言ヲ加ヘテ此額ヲ授ク其第一第二第七ハ今更ニ弁スル点モナシ第三第四第五第六ノ四件ハ今々殊ニ少尉カ實践躬行ヲ勵マサル可ラサルノ緊要事タルヲ認ム情深クシテ筆ニ盡サス唯此士規七則ヲ熟讀熟思熟行センコトヲ勉メヨ

明治三十六年八月二十六日

於石林別業殘燈下

希　典　（花押）

勝　典　殿

『士規七則』について、長州の将校に話した講話録がありますから、講話録の序文と第二条を抄録しておきます。

士規七則ハ既ニ諸君了知セラルル所ニシテ、一々是ヲ説明スル要無カルベシ、今日ニシテハ軍人ニ賜リタル御勅諭ガ我々軍人ノ奉戴スベキモノニシテ、他ニ之ニ代ハルモノヲ求メル事ハ出来ヌ。然レドモ此ノ勅諭ヲ下シ賜リタル以前ニ於テハ、我々当時ノ青年ハ、先輩ヨリ、今ノ御勅諭ノ如ク、此ノ七則ニ就イテ訓戒セラレタルモノナリ。（序文以下省略）

二、国体ニ就イテハ無論今日ノ学校ニテモ教ツヽアルモ、軍人ハ独リ戦時ニ命ヲ惜シマズトイフ許リデハナラヌ、無事ノ日ニ於テハ、又宜シク国民ノ模範タラザルベカラズ。他ヲ感化シテ、幸徳秋水ノ如キ者ヲ生ゼザル如ク、国民ノ精神ヲ振起セザルベカラズ。然ラザレバ我々ハ軍人トシテ、将又臣民トシテ、万世一系ノ皇室ヲ奉戴スルモ甲斐ナキモノデアル。世態ノ此ノ如クナレルハ、我々ガ諸君ニ対シ百倍ノ罪ヲ負フベキモノナレドモ、願ハクハ諸君モ我々ニ助力シ、之ガ根滅ニ努メラレンコトヲ望ム（中略）

故ニ国体トイフコトニ就イテハ、最モ重キヲ置カネバナラヌ。

それでは、士規七則について述べておきます。

『士規七則』は、松陰が日頃思索していた人生の指針について、師である玉木文之進との間で交わされた問答をもとに作られました。安政二年、萩の野山獄に入れられていた松蔭から、師であり叔父である玉木文之進の息子彦介の元服の祝いに贈られたものです。文蔵は、松陰自筆の『士規七則』を文之進から授けられていましたが、西南の役で失い、その後は、松陰肉筆を門人たちが木版刷りにして松下村塾に掲げていたものを譲り受け、大切に持っていました。今日、松陰肉筆で現存している『士規七則』は三種類あります。東京の大谷家、萩の松陰神社、萩郊外の藤井家に保存されているものです。ここでは、木版刷りの『士規七則』について、昭和十四年に武蔵野書院から出版され、平成二十五年国書刊行会から復刻された広瀬豊『吉田松陰の士規七則』の講述を抄録しておきます。

一、凡そ、生まれて人たれば、よろしく人の禽獣に異なるゆえんを知るべし。けだし人には五倫あり、しかして君臣父子を最も大いなりとなす。ゆえに、人の人なるゆえんは忠孝を本となす。
（人間と禽獣との差は、人間には人の道というものがありまして、それが良く行われているからこそ、人間であります。人には五つの関係において、踏み行うべき道が定まっております。五つの関係とは君臣関係、親子関係、兄弟関係、夫婦関係、朋友関係の五つであります。君臣においては忠、父母には孝、夫婦には和、兄弟には友、朋友には信であります。その中で一番大切なものは、忠と孝であります。）

一、凡そ、皇国に生まれては、よろしくわが宇内に尊きゆえんを知るべし。けだし皇朝は万葉一統にして、邦国の士大夫、世々に禄位を襲ぐ、人君は民を養いて、祖業を続ぎたまい、臣民は君に忠して父志を継ぐ、君臣一体、忠孝一致なるは、ただ、吾が国を然りとなす。

（この条項は、わが国体を説き、日本人としての道を説かれた点で、松陰先生の最も力を入れておられるところであります。

第一条で、人間とは何ぞやという自覚を呼び起こしましたから、今度は、日本人とは何ぞやということが、問題になってまいるのであります。すなわち、およそ日本人たる者は、日本の日本たる所以は、いずこにあるかを知らねばならぬ。これを知らねば、日本人ではないのであります。

日本の日本たる所以は、

第一に、この日本は万世一系の天皇様を奉じて、天地とともに極まりなきこと。

第二に、臣民もまた先祖代々臣民として、これまた天地とともに極まりなきこと。

第三に、その天皇様は御代々、ご先祖のご精神を嗣ぎたもうて、永久にお変わりあらせられないこと。

第四に、臣民は天皇様に忠義を尽くして、先祖以来の志を継いでいること。

この四つであります。それでありまするから、忠と孝とは必ず一致すべきものであります。これが、すなわち日本の万国に卓越している点であります。

一、士の道は義より大いなるは無し。義は勇によりて行われ、勇は義によりて長ず。

（武士道の原則は、義と勇であると申すのであります。ゆえに、何が正義か、何が忠義であるかと申すことは、十分研究しなければなりません。その研究には、のちにあげてありまするように、聖賢の書を読んで、古人の行跡をよく考え、嘉言善行の何たるかを、よく理解する必要があります。）

一、士の行いは質実にして欺かざるをもって要となし、巧詐にして過ちを文るをもって恥となす。光明正大、皆これより出づ。

（武士は光明正大であれ、そのためには、正直が一番大切であります。正直とは、欺かないことで、過ちがありましても、それをかれこれと、飾ってはなりません。過ちは改むるよりほかには、よい方法がありません。ごまかしこそは大いに恥ずべきことであります。）

一、人、古今に通ぜず、聖賢を師とせざれば、すなわち鄙夫のみ、書を読みて尚友するは君子の事なり。

（詳しく申せば、昔から今までのことをよく心得て、聖賢を手本とせねば、下等な人間であるといわれております。その次ぎに読書して古の成人賢人を友とするのは君子である、と申しておられます。）

一、徳を成し、材を達するには、師恩友益の多さに居る。ゆえに君子は交遊を慎む。

（これは、つまり交わる人を選ぶべきことを述べられたもので、修養上第二の必須事項であります。）

一、死してのちに已むの四字は、言簡にして義該ぬ。堅忍果決、確乎として抜くべからざるものは、これをおきて術なきなり。

（これは要するに、何事でも決死の覚悟が必要であることを、教えられたものでありますが、すなわち、死而後已の四字、これは死ぬまでやるということで、言葉は簡単でありまするが、意味はすこぶる深いものであります。単に死にさえすればよいというようなわけではありません。死んでもなお足りないけれども、死ぬまでやるほかに方法がないのだから、死ぬまでやるのであります。）

慶応二年（一八六六）六月、第二次長州征討が開始されました。この戦闘は、芸州口・石州口・小倉口・大島郡の四方面を主戦場としたので、長州では四境戦争といわれました。この戦闘が開始されると、源三は萩から長府へ呼び戻されました。源三は、長府藩報国隊（軍監・福原和勝）に属し、山砲一門を有する部隊を率いて、同年六月小倉口（現、下関市）で小倉・熊本藩との激しい戦闘に加わり、奇兵隊軍監の山県狂介（有朋）指揮下で、小倉城一番乗りの武功を挙げるなど奮闘しました。

この長州征討における長州藩の武器は、薩摩藩の支援により南北戦争で使用された最新鋭の小銃などをイギリスから大量に入手し、全藩皆兵となって武装し戦いに臨みましたが、薩摩藩がイギリスの専門家から学んだのとは異なり、自己流の翻訳教本を頼る素人兵法家大村益次郎の洋式戦術では、最後の一押しができませんでした。小倉藩兵も死力を尽くして応戦し、戦いは政治的に収拾されました。

慶応三年（一八六七）二月、徳川慶喜はフランスから陸軍軍事教官を招き、横浜に設けた伝習所で歩兵・騎兵・砲兵の教育を開始します。上官や兵士の軍服などもフランスから取り寄せ、同年末には歩兵七個連隊、騎兵一隊、砲兵四隊、計一万数千人の近代的陸軍を整備しました。

なお、文蔵は慶応三年（一八六七）、長府藩の命令に従い明倫館文学寮に復学します。

『中朝事実』について

明治四十一年五月に乃木は、自費で『中朝事実』を六百三十部活版印刷しています。そして、乃木の同年七月七日の『日記』には「両陛下へ中朝事実内献、引きつづき、北白川閑院有栖川各宮ニ内献ス」と誌されています。内献とは、どのような形で献上されたのか詳らかではありませんが、乃木が殉死に先立ち、『中朝事実』抜抄を九月八日に大正天皇へ、九月十一日に皇太子裕仁親王（昭和天皇）に献上していることは前述しました。『中朝事実』は、乃木の終生変わらない思想の根底ですから、山鹿素行の『中朝事実』についてここで述べておきます。

『中朝事実』は、山鹿素行の赤穂流謫《るたく》中の著作で、素行の思想学問の集大成ともいえるものです。素行は「古来支那が中華と自称してきたが、日本こそ、文化的にも政治的にも中華と呼ばれる存在であり、そのことは、『日本書紀』『古語拾遺』『職原抄』などの古典に明記されている」と主張し、それを展開論証したのです。漢籍がわが国に流入し、「漢意《からごころ》」の影響をうける応神天皇以前の、『日本書紀』を中心とした神代以来の記述に基づき、万世一系の皇統の優位性を、易姓革命と征服王朝によってその度に幾度も交替する支那の王朝の歴史と比較し、論証しています。日本人としての誇り、民族的目覚めへの回帰への到達が、「歴史的事件」ではありませんが「歴史的事実」に基づき著されています。「歴史的事件」というのは明確な出来事をいい、神代史における「歴史的事実」とは、歴史的事件の記述の断片を含む、古代人が持っていた思想の表現のことをいいます。

明治四十一年四月一日発行の『日本及日本』で、乃木が山鹿素行について次のように語っていると、広瀬豊が『吉田松陰の士規七則』に書いています。以下、漢字の字体と仮名遣いを現行の表記に改めて抄出し転載します。

山鹿素行先生の偉大なる人傑であって、我が国の精華ともいうべき武士道の、発展鼓吹の上に、非常の貢献をなされたことは今さら言うまでもないことである、不肖余の如きも、幼少より先生を尊崇し、先生の教えの一端になりと叶うように致したいものと平常より心がけているが、なかなかその万一をも実行することができず、慚愧に堪えない次第である。されば先生に対しての意見云々などと求められても、ただただ閉口のほかはないが、その尊崇の度においては、あえて他人に譲らないつもりであって、この間の祭典にも（編著者註、明治四十年十二月二十九日、山鹿素行贈位報告祭のこと。素行に往事の中納言に次ぐ官位の正四位の贈位があった。乃木はこのとき祭文を奏上している。その祭文は現在当神社宝物館に所蔵されている）自ら進んで、その式に列したようなわけである。また先生の著書は年少の時より心がけて、山鹿語録、中朝事実などをはじめとして、できるだけは閲読している。（中略）

　この玉木文之進という人は、正韞と名乗って、吉田松陰先生の叔父に当たる。なかなか剛毅厳格なひとであって、勤王の志篤く松陰先生始め当時の先輩はみな師事しておられたようである。もちろん平生から、山鹿先生の事績や教義を研究して深く尊崇の念を抱かれていた。また吉田家は山鹿三重伝のひとつであって山鹿流の軍学をもって、毛利家に仕えた家柄で、その相続は血統よりも軍学に重きを置き、子供の有無にかかわらず、門弟なり、親戚なり、あるいは己の子なりのなか、もっとも山鹿流の軍学に上達した者に相続させることになっていた。松陰先生が杉家から出て、この吉田家を相続したというだけでも、すでに山鹿流の軍学に上達しておられたことが明らかである。そのうえ松陰先生は、松浦家の山鹿氏へも誓紙血判して入門した証拠が残っている。かくのごとく玉木文之進と松陰先生とはともに熱心なる山鹿先生の尊崇者であって、その軍学なり、人格なりをたがいに研究切磋せられて、おおいに修養につとめられていた。

山鹿素行は、日本を中朝と呼び、支那を外朝と呼んでいます。中朝と外朝との区別をはっきりとつけることを「華夷《かい》の弁《べん》」といいます。素行を先師と仰ぐ吉田松陰は『松下村塾記』で、「華夷の弁」について次のように述べています。

そもそも人の最も重しとする所のものは、君臣の義なり。国の最も大なりとする所のものは、華夷の弁なり。今天下は如何なる時ぞや。君臣の義、講ぜざること六百余年、近時に至りて、華夷の弁を合わせ又これを失う。然り而して天下の人、まさに安然として計を得たりと為す。神州の地に生まれ、皇室の恩を蒙り、内は君臣の義を失い、外は華夷の弁を遺れば、すなわち学の学たる所以、人の人たる所以、それいずくに在りや。

それでは、先述した乃木が大正天皇に献上した『中朝事実』抜抄の、皇統の由来・三種の神器の意義・学問の必要性とその在り方・人材選抜の必要性・祭政一致の政治の基本・礼儀の重要性・賞罰・祭祀等について、適宜『日本書紀』の読み下し文を補い、また註を加えながら、大要の現代語訳を荒井桂『山鹿素行中朝事実を読む』（致知出版社、平成二十七年）から抜き書きしておきます。

『中朝事実』抜抄

中国章（註、天先章で天地自然の生成について論じ、中国章で風土の状況について論ずる。）

中朝であるわが国の国づくりの始めは、ことごとく神聖の霊妙なはたらきに因っている。これがとりもなおさず天が授け人が協力することに他ならない。そのゆえに、皇統は永遠であり、天地と同じく無窮なのである。

「皇祖高皇産霊尊《みおやたかみむすびのみこと》遂に皇孫天津彦彦火瓊瓊杵尊《すめみまあまつひこひこほのににぎのみこと》を立てて、以て葦原中国《あしはらのなかつくに》の主《きみ》と為《な》んと欲《おほ》す」（日本書紀巻二）

謹んで考えてみるに、これがわが国をもって中国とする理由である。これに先立ち、天照大神が、高天原に在して、葦原中国に保食神《うけもちのかみ》ありと曰われた。とすれば、中国の呼称は往古から既に存在したことになる。

皇統章（註、皇統の万世一系なることについて論ずる。）

謹んで考えてみるに、神武天皇が東征して、この国を平定したのは、天孫降臨の統治理念を継承、実現した始めであった。

そもそも即位とは何か。天子が、帝位に即《つ》きたまうことである。人君が天意を継承して天子の至尊の位を確立して、多くの外国が朝貢し、万民が仰敬し、これによって世界が始めて天子の崇敬すべきを認識し、天子の明徳を中朝たるこの国全土に明らかにしたまうというのが、即位の意義にほかならない。

そもそも外朝支那は、易姓革命が三十回近くおこり、そのうえ戎狄の侵入王朝も数世に及んでいる。後白河天皇の後、武家政権となって五百年余、その間、平将門・清盛のような猛禽や北条・足利氏のような猿豚の類が出没はしたものの、しかもなお、王室を貴んで君臣の義は存続した。これは天神、人皇の知徳の偉大さが顕著で永遠に忘れ去ることができないからなのである。そして、功績と綱紀のあり方が、これほど悠久かつ窮まり無いのは、至誠に基づいているからにほかならない。君臣（の義）・夫婦（の別）・父子（の親）の三綱が確立して国の秩序が整うのは、政治の極致である。世界は大きく、諸外国が広くても、中洲たるわが国の天皇統治の成果に匹敵する国は見あたらない。その至徳の何と偉大なことであろうか。

神器章（註、三種の神器について論ずる。）

ひそかに考えてみるに三種の神器は、天神の才徳のはたらきをあらわす功器であり、仁・知・勇の三徳を全て具備している。聖天子たる天皇は、これを用いて、内心の明徳を明らかにしたまい、外にあっては、臣民の統治・教化の制度を整えしろしめされるのである。これこそとりもなおさず、神代の、後世に遺された勅命といえるのではなかろうか。もし三器を擁して、内心の明徳を明らかにしたまわなければ、外形だけの三器となってしまって霊妙なはたらきをなさない。また、もし、内心の明徳を明らかにすることのみに専心して、外に臣民の統治・教化をないがしろにしたとすれば、実効のない絵空事となってしまって、神器の霊妙なはたらきを活用しなかったことになってしまう。

そもそも、皇位継承に当たっては、必ず三種の神器の授受を伴い、しかも、皇位皇統の永久を期し、この国の統治権を継承していく信念と誠意を表明するために、聖天子は、同じ殿の屋根の下、同じ部屋に在って、治国平天下の道を尊崇してやまない。このような中朝の渾厚は精神に基づく皇統が、連綿として久遠に途絶えることなく、無窮に継承されていく。

神教章（註、教学の本源について論ずる。）

謹んで考えてみるに、これは、中国たるわが国が、外国の経典を学んだ始めであった。学問は、己を修め人を治めることをもって本旨としている。己を修め人を治める道は、人情事物に通暁していなくては、その要諦の真実に達しない。そもそも、天神は生まれながらにして、知りたまいて、通暁しない所はなく、天祖の明教は、至れり尽くせりである。このゆえに、神武天皇は、国家統治の基を建て、綏靖天皇は、至孝の徳に充ち、崇神天皇は、日月に慎み、垂仁天皇は、矯飾するところなく、景行天皇は、雄謀で知勇にすぐれ、成務天皇は、畏れ慎んで己を修めたまうた等、皆これ、乾霊《あまつかみ》（高皇産霊尊）の正徳に従い、大神（天照大神）の宝鏡を以てする明教を継承して、人と物の情況を詳にし、当世の急務を実施し、天の恩恵に加えて人も物も皆、処を得たからである。これが、とりもなおさず、中朝たるわが国において、神聖の学源が往古から著明であり、永く万世に亘って、これに則るに足るからである。

ところで、外朝支那は、わが国に通せずして文物が明らかだったのに、わが国は、外朝に通じて始めてその文物の用を広くしたとすれば、外朝はわが国よりも優れているのかという疑念が湧く。私が考えてみるに、決してそうではない。わが国は、開闢以来、神聖の徳行も明教も、兼備しており、外朝の漢籍など知らなかったとしても、少しも不足することはなかった。

『中朝事実』は漢文で書かれていますから、素行は決して「反漢」「排外主義」ということではなく、漢籍が仏教や儒教と一緒に取り入れられて以降、その文字や文章を操る日本人にとっての宿命的な意識のねじれを問題にしているのだと思います。本居宣長は、漢籍を学ぶ心構えについて『玉勝間』に次のように述べています。

から国の書をも、いとまのひまには、ずゐぶんに見るぞよき、漢籍も見ざれば、其外国のふりのあしき事もしられず、又古書はみな漢文もて書たれば、かの国ぶりのしらでは、学問もことゆきがたければ也、かの国ぶりの、よろづにあしきことをよくさとりて、皇国だましひだにつよくして、うごかざれば、よるひるからぶみを見ても、心はまよふことなし

さて、さらに荒井の現代語訳による大要を続けます。

神治章（註、政治体制の基本について論ずる。）

「天照大神皇孫《すめみま》に勅して曰はく、葦原千五百秋之瑞穂国は、これ吾が子孫《うみのこ》の王《きみ》たるべきの地《くに》なり。宜しく爾《いまし》皇孫就《ゆ》いて治《しら》せ、行矣《さきく》、寶祚《あまつひつぎ》の隆《さかえ》えまさんこと當に天壌《あめつち》と窮《きわまり》なかるべき者なり」（日本書紀巻二）

　慎んで考えてみるに、これは、天神の政治の道の始めである。與天壌無窮（天壌《あめつち》と窮《きわまり》無かるべし）の五文字は皇統を祝福して、治国平天下の道を言い尽くしている。そもそも天地は、至誠の徳によって、長久であり、永遠の治平を得るのである。そしてこの無窮が可能となった。そこで、君子が自ら努めて徳を厚くすれば、全てに亘って、

うまくいくのである。人君がこの至誠の徳を使って、国を統治すれば、全国がみな、安寧に治まるのである。これこそ天壌無窮のゆえんにほかならない……。

謹んで考えてみるに、国は、民をもって体としている。民が疲労するときは、国が衰退するし、民が安定するときは、国が興隆するといえよう。天神が授けたまうものは、蒼生つまり数多の人民にほかならない。

以上、政治の要諦を論じてきた。私が考えてみるに、天下の政治論は、古来、多岐に亘っており、君主がどれを選択するか迷うことが多かった。

そもそも、天下の本は国家に在り、国家の本は人民に在り、人民の本は君主に在る。そこで人君が賢明なときは人民は安定し、人民が安定するときは、国は治まり、家は斉う。国家ともに治まり斉うときは天下は平らかとなるのである。

神知章（註、人間を知ることの重要性について論ずる。）

思うに人材を得るには、人を知らねばならないが、人を知るということは、大変難しいことである。人を知るには、その内面の知徳を主とし、外に現れる言行を考察して長年にわたって試しみる必要がある。もしもっぱら知の明敏やその言葉を中心に考察していると、口の達者な者を重んじることになって、人々の風俗は、おとろえて軽薄となってしまう。逆にもっぱら徳を重んじ篤行を尊んでいると、人は沈黙して従うのみで、人々の風俗は、明るさを失って理屈っぽくなってしまう。そうなってしまうと奸佞の利にさとい者が、際限もなく幅をきかせてしまう。

そもそも人君は宮殿の奥深く高い位にあって政事を自ら裁可することはなく、深く寡黙のまま臣下に諮問せず、臣下の功績の実態を考察しないままに、毀誉褒貶の一方のみを信じて、長い目で実情を正確に考察せず、目の前のことで事を決してしまうと、政策の実をあげることはできないものである。このゆえに昔の人君は、政治のすべてに直接目を通し、一つ一つの事物を考察すると共に、日々、群臣に接してその勤務を評定し、大臣以下の官僚群が、それぞれ職を奉じ進言して忠勤に努めていても、なおまだ失政の余地があったのである。そこで、天の神々も、人材登用に関しては、衆議に付した上に試任する慎重さがあったことも、併せ参考にせねばならない。

聖政章（註、政治教化の基本について論ずる。）

「四年《よとせ》の春二月壬戌朔《みずのえいぬついたち》、甲申《きのえさるのひ》、詔《みことのり》して曰はく、我が皇祖《みおや》の霊《みたま》天より降鑒《くだりひか》りて朕《あ》が躬《み》を光《てらし》助けたまへり。今諸ゝの虜《あだ》ども已に平《む》け、海内《あめのした》に事なし。以て天神を郊祀《まつ》りて用《も》つて大孝《おやにしたがふこと》を申《の》べたまふべきものなりと。乃ち霊畤《まつりのには》を鳥見山の中に立て、その地を號《なづ》けて上《かみつ》小野榛原、下《しもつ》小野榛原と曰ふ。用つて皇祖天神を祭りたまふ。」（日本書紀巻三）

謹んで考えてみるに、天下の政事《まつりごと》は、郊社（註、天地の祭りであり、冬至に南郊で天を祭るのを郊、夏至に北郊で地を祭るのを社という）と宗廟より重大なものはない。そもそも人君は、天地を父母としている。ましてや、天照大神の天孫から皇統を承け継いで、この国の統治者である天皇においては尚更のことである。この祭祀に当たっては、天地の心である鬼神の幽冥、つまり見えないところにも思いを致すべきである。少弱の庶民といえども、至誠を以て求めれば、感応道交してくるはずである。それだから、昔は、天神地祇の祭祀と朝廷における政事とは、同一のこととして「まつりごと」といわれたのだ。神武天皇は、神勅の指示するところを守って神器を敬重し、併せて天神と郊祀《こうし》して、天孫として天神への大いなる孝行を展開したまう、そのおそれつつしみ、危ぶみ、政治と教化に慎重に取り組みたまうことは、万世にわたる戒慎の規範となるものといわねばならない。

禮儀章（註、礼儀の在り方について論ずる。）

謹んで考えてみるに、無礼《あじきなし》とは、礼儀がない状態を言う。神は、寛仁の聖明であって、その無礼をこのように厳正したのである。思うに礼こそ、上を安んじ民を治める方途である。礼が無いときには、上下の弁別も乱れ、尊卑も区分できなくなってしまう。この上下が入り混じって秩序が失われてしまうと、人々は、直情径行、つまり自分勝手に、したいことをしてしまって社会秩序が乱れてしまう。その故に秩序の本である礼が無いときは、上下が混淆し尊卑が混同してしまうと、強者が弱者を痛めつけ、富者が貧者を侮蔑し、大が小を危うくしてしまって秩序が失われ、正と邪とが、区別がつかなくなってしまう。これこそ神がその無状つまり礼の無い状態を禁戒したまう理由にほかならない。そこで天照大神はただちに天石窟《あめのいわや》に入りたまい磐戸《いわと》を閉じてしまわれたので、天地は、常闇、つまり暗黒の状況になってしまったのである。そのことを通して礼無きときは、天下の正邪が混淆して、あたかも暗黒の世界となってしまうことを教示したもうたのである。

賞罰章（註、賞罰の公正平明について論ずる。）

　謹んで考えてみるに、これは、賞罰の始まりであった。そもそも褒賞と刑罰とは、過不及を整えるやり方であり、人を善に勧誘したり悪を懲戒したりすることを意味している。人の気質は皆異なっており、風俗習慣が正しくないと悪習が定着してしまって、暴逆をもっぱらにする場合も生ずる。その故に刑罰をもって脅したり懲らしたりするのは、君主が人民を愛するからであって、憎んで害するからではない。刑罰と褒賞とをもって人民を統御しないと、善悪是非がまぎらわしくなって、君子の道が衰え小人の道が栄えることになってしまう。深く慎むべきことではあるまいか。

祭祀章（註、祭祀の誠心について論ずる。）

中朝たるわが国は、神国にほかならない。天神地祇つまり天地の神を皇室の祖先としている。つまり、天地そのものが宗廟の神にほかならないのである。後世、これを社稷つまり国土と五穀の神と、宗廟つまり祖先を祭るみたまやとに二分するのである。

ところで、中朝たるわが国で祭る神社は、はなはだ多い。その殆どが淫祀に過ぎないのではないかとの疑念を抱く人がいる。これに対して私が思うには、淫祀というのは、祀るべきではないものを祀っている場合を意味している。だいたい、祭祀の制つまり在り方には、或場合は、人民に功績があり、或いは、世事に功績があり、或いはその事物の始祖であり、或いは世人の患難に対応してこれを防止し、或いは、人の道として尊い忠孝の徳を君国や父母に尽くし、或場合は、死後に帰着すべき霊鬼となることができずに、厲《れい》つまり悪鬼に化してしまったような時、いずれも皆、これを祭祀したのである。これらが八十万神にほかならない。外朝支那では、四方の百物つまりあらゆる物を祭祀の対象としないものは無いという状況であって、果ては、猫虎昆虫の類もまた、対象とされたのである。ましてや神国たるわが中朝で八十万神を祀ったのは、至極もっともなことである。

更にまた、外朝支那には七廟（註、天子の宗廟の総称）の制があるのに、中朝たるわが国がこれと異なるのは何故かとの疑念を抱く人がいる。これに対して私が思うには、わが国で、皇祖である天神を祭り、朝廷内に内侍所を設けて祭祀を執り行うのは、社稷宗廟つまり国土と五穀の神及び皇祖のみたまやを祭祀することにほかならない。いわゆる七廟は、外朝支那の礼の制度である。中朝たるわが国には、わが国の礼の制度がある。まして天皇自ら祭祀の誠を尽くし、重臣がこれを補佐し、専門の神官が往古からの法式を守っている。わが国の神祭の在り方は、論議すべき余地は、まったく無い。

第二章　軍人としてのみちのり

陸軍少佐任官

慶応三年（一八六七）十月十三日に薩摩藩、十四日に長州藩に「倒幕の密勅」といわれる詔勅が下されます。

同年十月十四日、二条城に精鋭のフランス式陸軍部隊を率いて陣取っていた徳川慶喜は、明治天皇に『大政奉還上奏文』を提出します。これにより、詔勅の渙発は避けられます。同年十二月九日、徳川慶喜の辞職を許し、王政復古の大号令が渙発されます。

慶応四年（明治元年・一八六八）一月三日、鳥羽伏見の戦いが始まります。その後、報国隊は戊申北越の役で戦闘を重ねましたが、文蔵はこれに参加できませんでした。明倫館在籍時に講堂で相撲を取り、左足を挫いたことから、藩が出陣を許さなかったのです。文蔵はなんとしても出陣しようと、脱藩を決意して馬関まで出ましたが、逮捕され明倫館に戻されました。

同年三月十四日、五箇條の御誓文が発布されます。この年、吉田松陰の遺著がしきりに刊行されるようになります。

乃木は、明治四十一年十月発行の『日本及日本人』で吉田松陰の著書などについて次のように語っていると、広瀬豊が『吉田松陰の士規七則』(前掲書)に書いています。以下、漢字の字体と仮名遣いを現行の表記に改めて抄出し転載します。

乃木が、松下村塾塾生のだれよりも、松陰の思想・学問の神髄に精通していることが見てとれます。

余は直接松陰先生よりご教授を受けしこともなく、またご面会する機会にも接しなかったため、先生のご行動その他についてはあまり多くを語るべき事実を持たないが、その教訓、その感化は、間接とはいえ、深く余の骨髄に浸潤して、幼少よりもこの年にいたるまで、常住坐臥、常に先生の教訓に背かざらんことをつとめているが、魯鈍の質、いまだその万一をも行うことができないのは、深く自ら慚愧に堪えない次第である。

そのころ余の父は、旧藩主の御守役を勤めて、永く萩に赴きおりしをもって、先生の講述された、武教全書をはじめ各種の講録を謄写しており、余にも命じて写させられたことがある。これが余の初めて先生を知るの動機であって、幼きながら先生の薫化を心に感じた導火である。その後十六の年より玉木の家にいてその薫陶を受けることとなってから、玉木およびその婦人より日常先生に関する話を聞き、いよいよその非常の人物であることを感じ、また各種先生の著書その他を謄写させられるにおよんで、ますます先生の尊崇すべきことを、心頭に銘ずるようになった。それより常に心がけて、先生の著書、講録、詩歌など、出版になったものもならないものも、読みもし、写しもし、東京に出てからも、吉田家に残っている先生の遺書などは、できるだけ拝読して今日におよんだわけである。

そういう次第で、余の受けた先生の薫化は、みな間接的であるが、玉木およびその夫人から一挙一動について、先生を模範として訓戒されたので、実に忘るべからざるものがたくさんある。なかにも先生は、非常の勤勉家であったそうで、玉木は常に、寅次郎の半分勉強すれば大丈夫じゃといっていた。

明治二年一月（一八六九年二月）、文蔵は報国隊の漢学助教となりますが、十一月（十二月）には藩命により、伏見御親兵兵営に入営して、各藩の兵式を統一するまで幕府の旧制に従ったフランス式訓練法を学びました。これは、従兄弟であり御楯隊総管の太田市之進（御堀耕助）から軍人となるよう勧められ、文蔵がその道を選んだことから、御堀が周旋した結果発令されたとのことです。伏見御親兵兵営とは、大村益次郎が統一軍隊設立のため設けたもので、士族のみで編制された後の近衛兵です。乃木の軍人の出発点は、宮廷（「みやび」）を護る近衛兵だったのです。

ところで、軍人という専門職は、西洋から兵学および洋式訓練が入ってきて、これらの知識を習得して組織化された集合体が軍隊であり、その一員が軍人です。江戸時代の武士は戦闘者が為政者に転化したのであって、今日的にいえば官僚です。もっとも乃木は、そのような職制を知ることなく「軍人は武士である」と認識していたことは、その後の言動からも見て取ることができます。

明治三年七月（一八七〇年八月）文蔵は、京都河東御親兵練武掛となり、上官としての訓練を開始します。前年の明治二年九月、兵部大輔大村益次郎襲撃事件が起こり、その事件関与者のうち三名は長州藩諸隊の隊員でした。この事件が直接的な引き金になり、翌三年一月、山口藩兵解隊に反抗する奇兵隊以下諸隊が、「脱隊騒動」と呼ばれる反乱を起こすと、文蔵は帰藩を命ぜられ、反乱諸隊を鎮圧することになります。わずか三、四年の間に、文蔵の戦うべき敵はかつての先輩・諸友に替ったのです。

文蔵は、明治四年十一月二十三日（一八七二年一月三日）陸軍の少佐に任官し、東京鎮台第二分営に属しました。長州藩支藩下級武士出身であり、しかも戊申北越の役に出陣しなかった文蔵が、二十二歳の若さで少佐に任じられたのは異例の大抜擢でしたが、これには、当時病気療養中の御堀耕助を通じて知り合った、乃木家と同じ佐佐木源氏を祖とする黒田清隆が推挙したことによります。乃木は少佐任官を喜び、この日のことを「黒田中将を訪問して親しく内意をきき、翌日には辞令が出た。わしの生涯で何よりも愉快じゃったのは、この日じゃ」と、後年語っていますが、それ以上に、戊申北越の役に出陣しなかった文蔵を蔑視していた長州の朋友らは、この任官に驚愕したことでしょう。羨望はやがて嫉妬に変わる。まして、対立関係にある薩摩の黒田の推挙となれば、長州人の反発は必至であったと思われます。しかし文蔵は、吉田松陰の師である叔父玉木文之進の直弟子であり、松陰の謦咳には接していませんが『武教講書』『孫子評註』(後述)を学び、松陰直筆の『士規七則』を授けられ、しかも松陰の縁戚であり、弟正誼は玉木家の養子となっています。そして学者を目指すだけの学問を修めている。当時は、まさに松陰人脈のど真ん中にいたと認めざるを得なかったのでしょうが、その後は長州閥の主流から外されてゆきます。

明治四年十二月(一八七二年二月)、正七位に叙された文蔵は、名を希典と改めました。

明治五年二月二十七日（一八七二年四月四日）維新政府は、兵部省を廃止して陸軍省・海軍省を置きます。同年三月九日、親兵を廃止し近衛兵を置き、十二日には鎮台条例を定めました。

明治六年一月（一八七三年）、徴兵令が定められました。乃木は、同年二月、東京鎮台第三分営大弐心得、次いで四月、名古屋鎮台大弐に転じ、六月、歩兵二個中隊を率いて加賀の金沢に至り、金沢城を収めて分営を開設しています。同年六月二十五日には従六位に叙されました。

明治六年頃からの『日記』によると、乃木は連日酒楼に登り豪飲しています。このことについて興味本位に書き立てる書籍も散見されますが、これは、明治維新から日も浅く、軍政が整備されつつあるこの当時の事情と、松陰の『孫子評註』を学び、情報を得ることが肝要であることを認識していた乃木の知識を見落としているといわざるを得ません。この頃の軍人は、連日宴会するのが常套であり、その酒席において乃木は、上官・同僚・部下との人間関係を円滑にし、酒席ならではの情報を収集・把握するという職責を果たしていたのだと思われます。

『孫子評註』

前述したように、松陰の思想については後で触れますが、ここでは、『孫子評註』と乃木との関わりについて述べておきます。

松陰の野山獄中および、その後実家・杉家での幽囚中に行われた『孟子』の講義をまとめた『講孟余話（箚記）』は、松陰の代表作の一つといわれていますが、『孫子評註』は兵学師範である松陰にとって最も重要なものです。

松陰は六歳の時、山鹿流兵学師範として毛利家に仕える吉田家の家督を継いでいます。この時から、兵学者として国の守りを考え抜く生涯が、玉木文之進たちの厳しい教育により始まります。

『孫子』は、支那兵書の古典であり、戦争というものに対して合理的な分析を試みた画期的な書物といわれ、特に心理情報戦の意義を説いた書物です。現代の日本でも『孫子』は広く知られた書物であり、今も毎年何冊も新しい解説書が刊行されています。

乃木にも大きな影響を与えた、松陰の『孫子』研究の総括である『孫子評註』は、安政四年の初稿後、翌五年の八月までに精密かつ大胆に整理され、さらに加筆されています。

それは、全体の構成に留意しながら、一文ごとの文法的繫がりを慎重に検討するという基礎作業を精密に行った上で解釈を加えています。『孫子』は卓越した古典ではありましたが、所詮は支那大陸での経験や現実に依拠したもので、大きく異なる歴史を持つ島国日本と全部合致するわけではありません。『孫子』を過大評価すると、この当たり前のことが見失われてしまいがちですが、松陰は、『孫子』の表向きの筆致に目を眩まされないように注意を払いつつ、わざと書き落とされたのかもしれない真意を見落とさず、全体を捉えようとしています。

それでは、松陰の『孫子評註』の内容について述べておきます。ただし、紙幅の余裕がありませんから、松陰の先師である山鹿素行がいったように、全十三篇の中でも始計第一と用間第十三は、「己を知り彼を知り、地を知り天を知る根本であって、戦のことはすべてこれからはずれない」といわれておりますし、松陰は、本文に入る前の注意書きに、「いまに伝わっている『孫子』の巻構成は元々の通りであるわけではないし、孫武がいうのは理屈であって実戦そのものでは必ずしもない。しかし、そのような揚げ足取りはいい尽くされてきたことであって、まず『孫子』を貶してから読むのは間違った態度である。十三篇を読み進み、個々の意味を正確に捉え、本質を理解することができればそれで良い」と記していますので、本書では始計第一と用間第十三の概略を述べておきます。

さて、始計第一は、戦争を決断する前に考慮すべきこと、つまりは戦略を論じた部分です。「始計は未だ戦はずして廟算するなり。『之れを校するに計を以てす』とは即ち其の事なり」。ここで書かれているのはつまり、戦う前に勝つ見込みがあるのか、計算して（計）比較する（校）ことである、と松陰は注釈しています。また「乃ち天下古今の事、孰《いずれ》か其の範囲を出づるものぞ」こうした兵学の議論は万事に通じるのだ、とも結論的に指摘しています。

用間第十三は、心理情報戦にとって不可欠な、情報をいかにして得るのかという問題が扱われています。『孫子』において特徴的であるのは、情報の重要性を最大限度に強調していること、および、それを得るにあたっては、必ず人間による情報収集が不可欠であるとし、その方策に立ち入って分析を加えていることです。大軍を遠くに派遣し、毎日大金を費やして何年も戦うのは、一日の勝利を得るためであるのに、そこそこの出費を惜しんで敵の情報を得ようとしないならば「不仁の至りなり」とまで孫子は説いています。しかもそこでは、「情報は人間から取るものでなければならない」として、神頼みの占いはおろか、経験に基づいて推測することも、法則を捉えることも間違っていると否定しています。

ちなみに、日露戦争において、陸軍の大本営が過去の日清戦争の経験に頼らず、開戦前の情報を正確に捉えて作戦を立て命令していれば、旅順における第三軍の死傷者は著しく軽減していたと考えられますが、この問題は、世に数多《あまた》関連本が出版され、乃木の名誉も恢復されておりますので、詳細は他書に譲ります。

松陰は、この篇についてはただただその意義を肯定し、その結びとして、

これは全十三篇の結びであって、遠く始計篇に対応している。孫子の本意は、彼を知り己を知るということにある。己を知るについては、これまでの各篇で詳らかにしてきた。彼を知るの秘訣は間諜を用いることにあり、一人の間諜を用いることで万の情報が判明し、戦略が立つ。昔から、優れた君主や賢い大臣はこれを用いた。何ということか、いまの人々はその意義がきちんとわかっておらず、情報の大切さを省みないのである。

と記しています。

また、『孫子』十三篇の締めくくりには「此れ兵の要、三軍の恃みて動く所なり」つまり、情報活動は戦争の要であり、全軍がそれによって動く基である、としています。これについて松陰は次のように註釈を綴っています。

これは用間篇の締めくくりの言葉であって、孫子十三篇の締めくくりでもある。孫子は最初に戦略（計）についていい、最後に情報活動（間）についていっている。情報がなければ戦略は立たないし、戦略がなければ情報は集めようがない。だから、「間」と「計」の二つが、全十三篇の最初と最後をなしているのである。

『孫子評註』は、松陰が安政五年十二月野山獄に再入獄させられ、幕府の取り調べのために江戸に護送される半月前、安政六年五月十日まで筆を入れ続け、出立にあたって久坂玄瑞に託したものです。山鹿流兵学師範吉田松陰にとって『孫子評註』は、生涯を通じ人生の指針となってきた兵学についての学問的遺書ともいうべきものとなったのです。

久坂玄瑞は、兵学者である師松陰から託された『孫子評註』を出版することを企図し、執筆時の講義に参加していた久保清太郎、中谷正亮らの校訂によって、文久三年に版刻されます。

元治元年三月、玉木文之進に弟子入りし学問の手ほどきを受け、文之進を通じて松陰の生涯と思想を学び、傾倒していった乃木であれば、元治元年九月から、萩藩の藩校・明倫館の文学寮に通学することで、この『孫子評註』を手にし愛読書としたことは、間違いないと考えられます。

後年、乃木は『孫子評註』を世に広めたいとの考えに至ります。明治四十年一月、久坂玄瑞に託された原書を自費で写真石版に付し、後に松陰が付け加えた再跋については、杉民治の子であり吉田家の家督を継いだ吉田庫三の筆を得て、これを三百部頒布しています。久坂本には、急いで書写したためか抜け落ちた部分があり、乃木は文久版との相違を丹念に調べて四ヶ所の脱漏を見つけ、これを補っています。乃木の思い入れを窺うことができます。後にこの本は、乃木の補足を組み込んだ「乃木将軍加朱」の『松陰先生孫子評註』と題して、ポケットサイズで活字印刷され、海軍大学校の教材にもなっていますが、これは乃木殉死後のことでした。いずれにせよ、乃木は松陰のことを終世「山鹿流兵学師範」としてみていたことは間違いありません。

山県と乃木

明治六年の政変で、西郷隆盛・江藤新平・副島種臣・後藤象二郎・板垣退助が参議を辞任して帰郷します。前原一誠も萩に帰郷してしまいます。西南方面は、維新政府から見て不穏な状態となっていきます。

この頃の維新政府は、大久保利通が全権を握っていました。明治七年一月、江藤新平が民選議院の建白直後に佐賀に帰ると、大久保は、佐賀の政情不穏に乗じ挑発し暴発させてただちに撃砕させるという策を講じます。その挑発のため、土佐出身の岩村高俊を佐賀県権令に命じ、軍を率いて赴任させました。岩村は、戊申の役において長岡藩の河井継之助が恭順和平の請願をした時に、これを一蹴して武力討伐をしたことで知られています。

明治七年二月四日（一八七四年三月二十一日）江藤は、佐賀憂国党の島義勇と同盟し、五千有余の郷党の同志を率いて兵を挙げます。一時は、県庁を占領して気勢をあげましたが、維新政府にとっては予期していたことであり、数日にして戦勢を盛りかえし反乱軍を破ります。江藤は、脱走したものの四国の山中で捕らえられ、佐賀に護送されるや、実質的な裁判なしで死罪梟首《きょうしゅ》の刑に処せられました。

この時名古屋鎮台大弐心得の乃木は、旧津・彦根両藩の二中隊を率いて金沢城を接収、鎮台の分営を設置することに携わっていました。父希次も呼び寄せ同伴しています。

同年五月十二日（六月二十五日）乃木は、辞表を提出し名古屋鎮台在勤を免ぜられ四ヶ月の非職（休職）に入ります。父希次は、既に乃木と同居中であり、その上六月には母壽子が弟妹を伴い上京してきます。

このような情況で九月十日には陸軍卿山県有朋の伝令使となります。この職は、陸軍大臣の副官といった役割です。この任官は、長州閥の山県が乃木の苦境を扶けたとの説がありますが、事実を誤認しているといえます。実は、この頃の山県こそ窮地に陥っていたのです。明治五年には、山県の周辺で山城屋和助（元奇兵隊士）事件（事実上の陸軍公金横領）や三谷三九郎事件という疑獄が相次いで発覚していました。山城屋和助事件は、山城屋の証拠隠滅工作により山県への司法の追及はおよびませんでした。ちなみにこの時の司法卿は江藤新平です。これにより山県は、明治五年七月二十日近衛都督の職を辞し、明治六年四月十八日、一時陸軍大輔の職も辞しましたが、西郷隆盛に窮地を救われ、明治六年六月八日初代の陸軍卿に就任します。なお西郷に窮地を救われた山県は、後述する西南の役で参軍の事実上の最高指揮官となっています。

この頃、長州閥の木戸孝允（桂小五郎）はというと、山県の参議昇格に強硬に反対したり、見放す態度をとっています。更に陸軍の中では、かつて「用兵の奇才」と謳われていた長州藩士で、十四歳で松下村塾に入門した東京鎮台司令長官山田顕義少将が山県と対立していました。山県の味方は、鳥尾小弥太陸軍少府輔（蔵元附仲間・元奇兵隊士）ら二、三人であったのです。山県は、明治七年二月八日に陸軍卿を辞任しますが、乃木が休職中の六月三十日、陸軍卿に復帰します。

山県は、蔵元附仲間の子であった少年の頃、武士になりたいと血涙を流すほど屈折感を有していました。松下村塾に入門が許されても「槍で身を立てる」といって、学問に傾倒することはありませんでした。ところが運良く激動の幕末の中、群小であっても事務の才幹と猜疑心と用心深さで陸軍卿の地位にまで昇り詰めることができたのですが、残念なことに陸軍卿という社会的地位に相応しい知識と教養がないため、何より松陰の思想、特に軍学書である松陰の『孫子評註』を究め、識見を磨く必要に迫られていたのです。乃木と山県は、小倉口の戦いで見知り越しの関係にありました。松陰の思想・学問を学んでいた乃木の存在は、山県にとって僥倖に巡り会ったといえます。しかし、乃木にとって、この伝令使任官と翌年の熊本鎮台歩兵第十四連隊長心得という情報将校任官は、山県の陰険で執拗な性格によって辛い任務となりました。

この頃の山県のような境遇の出自の人には「相反する二通りの性情を示す人となる」といわれています。一つは上昇志向が強烈で権力指向が顕著、自分が打倒した上級武士層など、既に衰亡し窮迫する旧上流階級層に、非情なまでの追い打ちをかける冷酷苛烈な者と、逆に自分が最下級の境遇の時に味わった苦渋を忘れず、敗北者や下層民、被征服者や、自分が打倒したため既に衰亡し窮迫する旧上流階級層に対し、深い憐憫・同情・親切を示す者がいます。山県が前者であることは間違いありません。

前述しましたが、乃木のこの頃からの酒席通いは、情報蒐集・諜報が主たる目的であったといえます。なぜなら、酒楼への支払いは陸軍少佐の俸給では到底賄えない程の額にのぼっていたからです。今でいう経費で支払われていたことは間違いないでしょう。

次の漢詩は、明治八年九月十八日の『日記』に記載されています。

男子功名幾月忙　　男子功名幾月か忙《あわただ》し
出身碌々四星霜　　出身碌々四星霜
哀虫断雁梧桐雨　　哀虫断雁《だんがん》梧桐《ごどう》の雨
更使感吾鉄石腸　　更に吾が鉄石の腸に感ぜしむ

秋月の変および萩の変

明治八年（一八七五）十二月、乃木は、熊本鎮台歩兵第十四連隊長心得に任じられ、西南方面の出入り口であり、海峡をはさんで長州の対岸である小倉（現、北九州市小倉北区）に赴任しました。不平士族の反乱に呼応する可能性があった山田頴太郎（前原一誠の実弟）が、連隊長を罷免される前に後任とされた人事でした。乃木は、連隊長心得就任後熊本鎮台に赴き、鎮台司令官野津鎮雄から小倉赴任の重要性を説かれます。

翌明治九年、実弟の玉木正誼が度々乃木のもとを訪問、また書簡を寄せ、時勢を説き前原の挙に与せしめんと試みます。正誼は、幼名は真人といい、当時玉木文之進の養子になり、文之進が再び開いた松下村塾で子弟教育を手伝っていました。正誼は、そこで前原に接し深く関わる中で、己の利得や名利には眼を向けず、誠実で高潔温情豊かな前原の人柄に感化され敬服していました。吉田松陰は、前原一誠について高杉晋作の「識」、久坂玄瑞の「才」にははるかおよばないと評しながら「其の人物が完全なる、二子も亦八十（一誠）に及ばさること遠し」として、前原の人格の円満性、温厚篤実なることを称揚しています。いわく「勇あり、智あり、誠実人に過ぐ」と。

前原に心酔する正誼からの説得については、乃木の『日記』にも見えています。左の和歌三首は、明治九年十月六日の作で、正誼の身を案じ、今宵の明月に感傷の思いを託したものかとみられます。

時きぬとま籬《がき》にすだく虫の音もものあはれにぞ聞かれぬるかな
みな人のたのしくや見む望月も心さみしくながめられけり
こぞよりもことしの秋は物うけれ又くる年はいやまさるらむ

また、十月十八日には二扁の漢詩も詠んでいます。

嗜酒従来不識愁　酒を嗜みて従来愁を識らず
酔郷心事常悠々　酔郷の心事常に悠々
三更夢覚哀虫寂　三更夢覚むれば哀虫寂たり
初解人情難勝秋　初めて解す人情秋に勝《た》え難きを

秋霜一夜夢難成　秋霜の一夜夢成り難し
孤沈衾冷感慨生　孤沈《こちん》衾《ふすま》冷えて感慨生ず
時有庭松宿鴉噪　時に庭松の宿鴉《しゅくあ》噪《さわ》ぐ有り
軒端落月眠窓明　軒端《けんたん》の落月眠りの窓に明るし

正誼の再三に亘る要請を斥けて、遂に袂別したのが同月八日の夜です。大義親を滅すと雖も骨肉の情なお断ちがたき苦衷をこの詩に託したのでしょう。

橋川文三が正誼との至情について考察した『乃木伝説の思想』（『橋川文三著作集3』筑摩書房、昭和六十年）から、一文を引いておきます。

戦闘の準備と、密偵・陰謀の往来、兵器争奪のための策動と、情理にからめた脅迫と、必死の立場にある政府軍内部の峻厳な監視と、それらの渦中にあって、自ら決断したロヤルテイとは何かという疑問と、最後には少年いらいのあらゆる追憶の錯綜と、それらの憤然たる混沌を私は当時の乃木の日記中に感じとる。

明治九年秋、乃木の心中に渦巻いたものが何であったか、それを正確に推定する史料はない。ただ、私が疑わないのは、乃木はここで、新たなシンボルへの忠誠のために、そのエネルギーのすべてを投入したであろうことである。尊攘倒幕の貫徹のために松陰が最後に択んだ道は、「江戸居の諸友久坂、中谷、高杉なども皆僕と所見違うなり、其の分かれる所は僕は忠義をする積り、諸友は功業をなす積り」というラジカルな解決であった。この思想にまで突入した松陰の態度は、「狂信的な理想主義と冷たく冷静な現実主義の奇妙な取引」（奈良本辰也）といわれるものであるが、乃木の理想主義にも、いわば死において諸矛盾のラジカルな解決を考える素質があった。萩動乱は、この傾向に強い刺激を与えたと思われる。（中略）

しかし、ここでも幕末の凄惨な同志打ちを含む忠誠理念の分裂から生まれた凄まじいリアリズムを顧みる必要があるであろう。そのような極限的政治状況においては、あるロヤルテイを抱懐することは、状況的必然として死もしくは殺人を意味していた。観念的調整による忠誠理念の抽象的融和ということはありえなかった。したがって、あるロヤルテイの維持は、そのために流された流血の全量を支えることであり、忠義であることは殺すこと、もしくは死ぬことであった。明治初年のいくつかの反乱において、政治権力の側がその敵の処置にあたって残酷をきわめたことも、それは所をかえれば同じという意味で、むしろ必然であった。当時、廟堂諸公の悉くは殺人者であったといえるであろう。

ここから、乃木における行動様式の謎めいた矛盾が明らかにされるかもしれない。ほとんど冷血の人間のように家弟側の陰謀を官に報じ、幾千の死者の予想される攻撃命令を日常茶飯のように下す乃木と、幕末以来、日清・日露以来の死者の追憶を死にいたるまで担いつづけた乃木とを、究極において支えたものは何であったか。いわゆる維新の元勲・重臣層においては、そこに生じた矛盾は近代国家とその主権理念の下に合理化されえた。しかし、乃木においては、その矛盾は決して近代的に合理化されず、最後まで彼の行動様式の中に含まれたのである。

この橋川の論の「ほとんど冷血の人間のように家弟側の陰謀を官に報じ、幾千の死者の予想される攻撃命令を日常茶飯のように下す乃木」については、賛同できない気持ちが消えませんが、「新たなシンボルへの忠誠のために、そのエネルギーのすべてを投入」するという乃木の心中を推し量っているといえるでしょう。なぜなら乃木は宮廷（「みやび」）を護る軍人だったからです。

吉田松陰と塾生

吉田松陰については、近年も数多関係書籍が発刊されていますから、詳述は他書に譲り、この節では、松陰と乃木、松陰と松下村塾塾生、特に前原一誠について論を進めて、乃木がなぜ弟正誼が師事する前原に与しなかったのかについて解明していきます。なぜそこを深掘りするのかというと、それが乃木の思想の根源であるからです。

本居宣長の『国歌八論斥非再評ノ評』に次の言葉があります。

姿ハ似セガタク意ハ似セ易シ、然レバ姿詞ノ髣髴タルマデ似センニハ、モトヨリ意ヲ似セン事ハ何ゾカタカラン、コレラノ難易ヲモエワキマヘヌ人ノ、イカデカ似ルト似ヌトヲワキマヘン、試ニ予ガヨメル万葉風ノ歌ヲ万葉歌ノ中へ、ヒソカニマジヘテ見センニ、此再評者決シテ弁ズル事アタハジ、是ヲ名ヲ顕ハシテ、コレハ予ガ歌コレハ万葉歌ナリト云テ見セタレバ、必予ガ歌似セ物ナリト云ベシ

小林秀雄はこの一節を引いて『本居宣長』（新潮文庫、平成十九年）で次のように述べています。

この宣長の冗談めかした言い方の、含蓄するところは深いのである。姿は似せ難く、意は似せ易しと言ったら、諸君は驚くであろう、何故なら、諸君は、むしろ意は似せ難く、姿は似せ易しと思い込んでいるからだ。先ずそういう含意が見える。人の言うことの意味を理解するのは必ずしも容易ではないが、意味もわからず口真似するのは、子供にでも出来るではないか、諸君は、そう言いたいところだろう。言葉とは、ある意見を伝える為の符帳に過ぎないという俗見は、いかにも根強いのである。古の大義もわきまえず、古歌の詞を真似て、古歌の似せ物を作るとは笑止である、という言い方も、この根強さに由来する。しかし、よく考えてみよ、例えば、ある姿が麗しいとは、歌の姿が麗しいと感ずる事ではないか。そこでは、麗しいとはっきり感知出来る姿を、言葉が作り上げている。それなら、言葉は実体ではないが、単

なる符帳とも言えまい。言葉が作り上げる姿とは、肉眼に見える姿ではないが、心にはまざまざと映ずる像には違いない。万葉歌の働きは、読む者の想像裡に、万葉人の命の姿を持込むというに尽きる。これを無視して古の大義はおろか、どんな意味合いが伝えられるものではない。万葉の秀歌は、言わばその絶対的な姿で立ち、一人歩きをしている。その似せ物を作るのは、難しいどころの段ではなかろう。

意は似せ易い。意には姿がないからだ。意を知るのに、似る似ぬのわきまえも無用なら、意こそ口真似しやすいものであり、古の大義を口真似で得た者に、古歌の姿が眼に入らぬのも無理はない。

これは古歌についてだけの論だけではありません。「意」とは習い覚えたばかりの理論や政策のことでもあります。

吉田松陰でいえば、「理論」は『講孟余話』『孫子評註』『野山獄読書記』『留魂録』などがあります。「政策」は、藩主への建言をまとめた『狂夫の言』、松下村塾の塾生に指示した『対策一道』、朝廷に向けた意見書『愚論』『時勢論』、『幽囚録』、藩主が参勤交代で江戸にのぼる途中、伏見に立ち寄って公家の大原重徳と面談する『伏見要駕策』、松陰刑死の遠因となった『老中間部詮勝要撃（誅殺）策』などがあります。「理論」はともかく「政策」は間部詮勝暗殺計画を除き、松下村塾の塾生にとって口真似しやすいものだったのでしょう。

また『孫子評註』を著した山鹿流兵学師範である吉田松陰は、塾生の能力や身分・立場をよく見極め、目的を達成するために適所に適材を当てています。松陰には「草莽崛起《そうもうくっき》」という、保守を自称する人々が好む言葉がありますが、松陰は塾生全員に「草莽崛起」を促してはいません。安政六年二月頃の佐世八十郎（前原一誠）宛書簡には「真忠孝に志あらば、一度は亡命して草莽崛起を謀らねば行け申さず候」とあります。これを語ったのは、下級武士出身の佐世八十郎、入江杉蔵、野村和作に対してだったのです。佐世八十郎は、間部詮勝暗殺計画に加盟、後述する萩の変に蹶起します。入江杉蔵は足軽出身で、間部詮勝暗殺計画に加盟、伏見要駕策を画策、禁門の変で自刃します。野村和作は足軽出身で、野村靖子爵のこと。伏見要駕策で上洛するも果たせず、兄の入江杉蔵と共に岩倉獄に投獄されます。しかし、久坂玄瑞や高杉晋作らにはそのような行動を促してはいないのです。仮に促したとしても受け入れられないことは、間部詮勝暗殺計画に血判まで押して反対されたことからも推測できます。松陰が、久坂玄瑞や高杉晋作に期待したのは、長州藩という組織全体を動かすことであったことは間違いないでしょう。松陰の「誠実人にすぐる」前原一誠の位置づけは、萩の変の淵源となった可能性があります。

いずれにせよ、後に国学を学んだとはいえ、松陰の思想は変遷・紆余曲折がありましたから、松下村塾の塾生は、塾生が学んだひと時の松陰の「意」のみしか知り得ることなく、山鹿流兵学師範吉田松陰の全体の姿を見わたすことは困難だったのではないでしょうか。しかし乃木は、松陰の謦咳に接しなかった歿後の塾生であったためか、松陰が国史を学ぶ基礎とした六国史も可能な限り繙きました。六国史は、『日本書紀』以降の勅撰によって編集された六編の歴史書の総称で、いずれも編年体・漢文で書かれています。乃木は、六国史を学ぶことで松陰を醇化させ、実像に迫ろうとしていたのでしょう。

山県有朋は、陸軍省官金の流用が明るみになり「武士の風上におけぬ」と追及されました。その山県が、「廃刀令」を強行したことで、憤激した熊本の敬神党（神風連）が明治九年（一八七六）十月二十四日に蹶起。翌々日、福岡県秋月（現、朝倉市秋月）で、前原一誠と気脈を通じている宮崎車之助の弟、今村百八郎を隊長とする旧秋月藩士らが蹶起すると、乃木は、他の士族との合流を図るため東進する秋月軍の動向を察知し、秋月の北に所在する豊津（現、福岡県京都郡みやこ町豊津）においてこれを挟撃して、秋月軍を潰走させます。

秋月の変の直後の明治九年十月二十八日、旧萩藩校である明倫館を拠点に、前原一誠・奥平謙輔らが、君側の奸とした木戸孝允（桂小五郎）の勢力を一掃することを主たる目的にして「反維新政府」を掲げ、これを明治天皇に上奏するため、山口県萩（現、萩市）で挙兵しました。前原が、前日の二十七日に、徳山の同志に送った蹶起檄文には「神州の安危朝に謀らざれば夕べに則ち唯先君の乱人のみならず、抑も又朝廷の賊臣なり（中略）乱賊の人従って誅せざれば豈に能く懐を忍ばしぬ」（原漢文・読み下しは編著者）と書かれています。前原の蹶起が、天皇の政府に弓を引くという「放伐革命」になると理解した乃木は、天皇への忠節を全うして行動するという心情の潔癖さの故に、前原に与することができないことは当然でした。実弟の正誼は、この蹶起に与して戦死し、学問の師である文之進は、自らの門弟の多くが前原軍に参加したことに対する責任を取り割腹しました。

十二月六日、前原・奥平は斬刑に処せられます。

萩の変に際し、乃木は麾下《きか》の第十四連隊を動かしませんでした。このことに対し、山県有朋卿の腹心陸軍大佐福原和勝は、乃木に問責状を送りつけました。福原は、秋月の変においても豊津以外では戦闘を行わず、大阪鎮台に援軍を要請した乃木の行為を批判し「長州の面目に関わる」と述べて乃木を一方的に非難しました。乃木は、小倉でも別の不穏な気配があったことなどを挙げて連隊を動かさなかったことの正当性を説明しました。福原は、乃木が維新政府の既定政策である情報・間諜に従事していたことを見落としていたのです。

高橋新太郎は「鴎外と『乃木神話』の周辺」（『高橋新太郎セレクション』笠間書院、平成二十六年）で、乃木の苦衷が何であるか考察していますから、次に引用しておきます。

明治二年天皇制統一軍隊に身を置いた乃木にとって以後、交戦すべき暴徒とは、かつての先輩・朋友からなる封建武士団にほかならなかった。

とくに明治八年末、陸軍卿山県の伝令使乃木少佐の、熊本鎮台歩兵第十四連隊長心得としての小倉赴任には骨肉相剋の死闘が宿命づけられていた。陸軍卿山県有朋の意をうけて、翌九年十二月に発せられた同郷の上官福原和勝大佐の詰責の書状に対する乃木の返信中の「希典ノ去年此職ヲ奉ズルヨリ居常寝食ノ間ト雖ドモ、意ヲ此騒乱ノ因起スル処ニ注ガザルナク、終ニ骨肉ノ親ヲ絶テ己ヲ知レル者ノ為メニ報ズルアラントスルハ、夙ク己ニ足下ノ知了セラル、処ナリ。然リト雖モ、昔日ノ失錯相踵ギ、今日志シノ達セザルヨリ、或ハ乗ジテ其間ニ入ル者アルアランカ。此ヲ以テ嫌疑を師兄朋友ニ得ルトキハ、死スルノ後ト雖モ恨ミナキ能ハズ、死期ヲ猶予スルハ耻ノ之ヨリ大ナルハナシ、之ヲ敢テスル者ハ止ム能ハザル処アレバナリ」と記した一節は、よくこの間の緊迫した空気と乃木の痛切な心情を生々しく伝えている。文字通り「骨肉ノ親ヲ絶」つ、非情に貫かれた現実主義は、前原一党への乃木の参加を使嗾慫慂する実弟玉木正誼との対話を秘かに陸軍法官に盗聴筆記させ、そこに得た情報を鎮台司令官に報告させるなどの行為を乃木にとらしめる。『青年時代の乃木大将日記』（昭和十八年）の編者渡辺求は、「かくして悲壮なる弟正誼の死、恩師玉木先生の引責の自刃、軍旗の喪失、大将が爾来常に死所を得むと欲したる所以は実に茲に存した。」と註している。

ここに注意すべきは、乃木の指揮官としての経歴が深い「屈辱」に於て始まっていることである。この癒しようもない大きな屈辱は、おそらく負い目としてこれに続く乃木の全生涯に強く影をおとしたにちがいない。

乃木が少佐任官について「わしの生涯で何よりも愉快じゃったのは、この日じゃ」と後年語ったのは、屈辱と辛酸を嘗めてきた生涯を追懐して発した言葉であったかもしれません。

西南の役への従軍

明治十年（一八七七）鹿児島県で西南の役が勃発すると、乃木は熊本城を扶援するため、二月十九日に第十四連隊を率いて福岡県久留米に入り、二月二十二日夕刻、植木町付近において西郷軍と遭遇し戦闘が始まりました。この戦闘は、乃木連隊への命令が変更されたことによります。乃木の『戦況報告』によれば、「二月二十日、十四連隊ハ兼松ヨリ山鹿ニ出デ、城内外ヨリ相応ジテ敵ニ当ルノ策ヲ換へ、全隊強行入城ス可ク、途ヲ高瀬ニ取ル可キノ意ナリ」とあります。この変更の理由は、官軍の実質的な総指揮官であった山県の判断過程そのものについて、重臣より基本的な反対が出たためです。さらに、時化《しけ》によって兵器の陸揚げが遅れ、主力の出発が遅れた上に強行軍を重ねたため、足痛・疲労状態の兵が数多く生じていました。植木で西郷軍との戦闘に入った当時、乃木が直率していた将兵は一中隊に足りなかったのです。これに対し、乃木を襲撃した西郷軍の精鋭は四百名ほどでした。乃木は寡兵をもってよく応戦し、三時間ほど持ちこたえましたが、午後九時頃、戦術上の至当な判断に基づき千本桜に退却しました。その際に、連隊旗を保持していた河原林雄大少尉が討たれ、西郷軍の岩切正九郎に連隊旗を奪われてしまいます。

連隊旗喪失を受けて乃木は、山県に対し四月十七日付けの「待罪書」を送り、厳正な処分を求めます。これに対し山県は「乃木連隊長を極刑に処し、もって軍紀を正すべし」と主張しましたが、熊本鎮台の谷干城司令長官から山県へ寛大なる処置の要望があり、また野津鎮雄少将は、山県の主張を諫止さえしました。結果、山県からは不問に付す旨の指令書が返信されます。しかし乃木は、自責の念を抱いて幾度も自決を図ります。熊本鎮台参謀副長として共に戦っていた児玉源太郎陸軍少佐は、自決しようとする乃木を見つけ、乃木が手にした軍刀を奪い取って諌めたといいます。

乃木はその後、奮戦力闘で連隊を指揮し、本州方面から増援にやって来る官軍主力の集中および進出擁護のため、西郷軍の北上を食い止めます。

なお、体に弾痕十一個も残しながら奮戦したその活躍は超人的であったといわれ、重傷を負って野戦病院に入院したにもかかわらず、なお脱走して死処を求めるが如く戦地に赴こうとしました。天皇軍の象徴である連隊旗の喪失という事実は、乃木の胸中に国家との繋がりが消滅した孤独感を漂わせ、虚無に遭遇したのかも知れません。さらにいえば、乃木の肉体の一部が失われるかのようなものであったに違いありません。

転戦後肥山又川
身傷不死却怨天
嗟吾薄命与誰語
泣読功臣烈士伝

転戦す後肥《こうひ》の山又川
身傷つくも死せず却って天を怨む
嗟吾《ああ》が薄命誰と語らん
泣いて功臣烈士の伝を読む

この漢詩は入院中の作です。連隊旗を奪われた汚名を雪ごうと奮戦してきたが、武運に恵まれなかったその苦悩を詠っています。

その一方で、乃木の活躍ぶりと誠実な行動は、新聞記事などにより明治天皇の天聴に達していました。

熊本城を包囲していた西郷軍が駆逐された後の四月二十二日、乃木は、連隊旗喪失という不祥事があったにも拘わらず、戦闘の功績を高く評価され中佐に昇進するとともに、前線指揮官から熊本鎮台幕僚参謀となり、翌年一月、東京鎮台歩兵第一連隊長に補せられ上京します。この措置は、乃木の責任感の強さに対して深く信頼の念を寄せられた、明治天皇の思し召しといわれています。

明治十一年二月四日、上京の途次萩に立ち寄り、玉木文之進や玉木正誼の墓で鎮魂の祈りを捧げ、杉家、玉木家を訪ね旧交を温めました。その際正誼の妻豊子に正誼の遺児養育の約束をしています。正誼の妻豊子は、杉百合之助の長男杉民治の長女で、吉田松陰の姪です。また遺児は文之進と名告り、後に軍人となり正之と改名しています。翌五日杉民治と観瀾亭において酒を酌み交わし、次の詩を詠んでいます。先師とは玉木文之進のことです。

十二年前小少時
草鞋孤剣事先師
椎原高処今来眺
山色水声自旧知

十二年前小少の時
草鞋《そうあい》孤剣先師に事《つか》う
椎原《しいはら》の高処に今来って眺むれば
山色水声自《おのづか》ら旧知なり

渡辺京二と橋川文三の論説（乃木評価の誤謬について）

乃木を徹底的に貶めることに狂奔した作家の一人が司馬遼太郎です。本書では、司馬の言説に一々反論することは敢えてしませんが、渡辺京二にすぐれた論考がありますから、西南の役とも関連するので紹介しておきます。

司馬遼太郎を読まなくなったのは、たしか『坂の上の雲』あたりからだった。それでも三巻くらいまでは我慢して読んだのかも知れない。まるで日露戦争逸話集で、私などの世代には黴の生えた話ばかりである。軍艦について講釈が出てくるあたりでばかばかしくなった。平田晋策の『我等の海戦史』を再読三読して育った私たちである。

何も彼から海戦の講釈を聞かされることはない。（中略）司馬遼太郎はいわば、男の可愛らしさを描いて一家をなした作家である。こういう私の観察は世評とはいくらか違っているかも知れない。世間はこの人に、警抜な文明批評やひとひねりした史眼を特技とする作家像を認めているだろうからである。（中略）

そういう訳で私はこの作家をしばらくは愛読したのだったが、『関ヶ原』や『城塞』あたりからいただけなくなった。そもそもをいうと、世評高い『殉死』がおかしかった。乃木は彼が描くべきタイプの男ではない。あの程度の乃木批判なら、話は小林秀雄の乃木論ですんでいる。しかも彼は戦術批評までやっている。講釈癖もここまで昂じて来た訳で、それにつれて小説のほうはスカスカになった。（中略）

司馬が小説としては何の曲もない大河のごとき歴史物語に手を染めるに至ったのも、あるいは国民的歴史について彼なりの使命感があってのことと考えられぬでもない。戦後世代は日露戦争の話など、『坂の上の雲』ではじめて読んだに違いないのである。

日露戦争や西南戦争を歴史絵巻風に書き継ぐ彼の情熱は、そうとでも考えねば私などにはとうてい理解できぬことである。『翔ぶが如く』は西郷を主人公とする「小説」などではない。それならば、十年の役の戦闘経過はあのように詳述される必要はなかったはずである。

この情熱は彼の国民的作家としての実質に関わっているだろう。つまり、経済大国として世界史に登場した今日の日本についての、司馬の国民的自意識に関わっているだろう。吉川英治の作品に込められた倫理観や感性が戦前の平均的日本人のそれについて何ごとか表示しているとすれば、司馬の作品世界は戦後の日本人の価値観と感性の最大公約数的な指標と考えられる。端的にいって、それは功利主義的な感性としてよい。戦前、特に昭和期においてそれは異端的な感性とみなされていた。それが戦後社会の正統的な感性と認知されるに至ったのは、乃木希典という一人物についての評価の逆転ひとつとってても明らかである。司馬の『殉死』はそのような感性的推移のあからさまな一指標といってよい。つまり司馬には、今日の経済的繁栄をもたらした戦後功利主義を、維新以来のこの国の近代史のなかに系譜的に位置づけたい欲求があって、それが『竜馬がゆく』以来の彼の史伝小説の主たる作因をなして来たと考えられる。

しかし経済的功利主義などというものは、それだけでは人生の基準たりえない。大衆性のある作家とは、読者に人生の基準を与えるものである。だから司馬は戦後功利主義をある種の精神性で裏打ちする必要を認めた。『竜馬がゆく』や『峠』は、そういう精神性で裏打ちされた功利主義をこの近代史の発端に求めるいとなみであったといってよい。つまり彼は功利主義的思考の系譜を維新史に求めた。さらにいわゆる明治の精神の中に求めた。それが『坂の上の雲』である。これらの小説の主人公たちは正義や理想を求めないのではない。しかしその追求は夢想によってでなく、合理的な計算によって行われねばならぬとする醒めた思考があって、そのような武士的理想主義と功利主義思考の渾然たる融合例をとり出すことによって、司馬は戦後功利主義にいわば「国民」というバックボーンを通そうと試みたのである。（中略）

もちろん私は、不特定多数を相手とする新聞小説に多くを求めすぎているのかも知れない。しかし司馬は少なくともこの小説で西郷という謎に挑戦したはずだ。彼がこれを一種の試行錯誤的思考の過程として書いたことは、文中しきりに、私はいま考えこんでいるとか、いかに理解すべきかとまどっているといった種類の言辞を連ねていることでわかる。だとするとこれは小説である以前に、歴史に関するひとつの試論というべきである。

ところが歴史的試論として読めば、私は司馬の叙述しぶりに疑義百出といった感じを持たざるをえない。たとえば彼は神風連がうけひによって進退したことにふれて、「人類がもっている普遍的な常識と、人類が地球上の各地域で経て来た無数の実例をもってしても、日本の歴史的時期における神風連のような存在はない」という。このような論断はほとんど筆者の歴史的センスを疑わしめる。司馬は世界史における宗教的秘儀集団の事例をことごとく究め尽した研究家ではあるまい。私も同様にそのような研究家ではないが、神風連のような事例は世界の信仰史上、どこにでも転がっていると見るのが人性の普遍の上に立った常識であろうと思う。少なくとも世界史に関して私が学んできたことは司馬の断定を覆すに足る。要するに彼は自分の理性の狭小さをさらけ出しているにすぎぬともいえるが、私が気になるのは、この人はこのように物事を軽率に論断したり誇張したりする癖があって、あくどい隈どりをこととする大衆作家の習い性といいながら、それではとうてい歴史を語る資格はなかろうということである。（渡辺京二「『翔ぶが如く』雑感」『維新の夢』ちくま学芸文庫、平成二十三年）

実に鋭い論考です。司馬の書く小説の本質を見事に見抜いています。

さて、秋月の変以後、西南の役に至る一連の士族の動きは、乃木にとって実に辛い戦いでした。連隊旗喪失という恥辱によって国家との繋がりを失ったということもさることながら、萩の変では実弟正誼が敵対する前原軍に就いて戦死し、正誼の養父であり乃木の師玉木文之進も切腹するという憂き目に遭ったことから、この頃の乃木は、厭世的な感情に苛まれ、現実逃避といわんばかりに連日酒楼に登るようになります。やがて乃木の放蕩ぶりは常軌を逸し、自宅よりも柳橋や新橋、両国の料亭にいる時間の方が長くなるほどでした。その放蕩ぶりは「乃木の豪遊」と称して有名になりました。

橋川文三は『青年時代の乃木大将日記』（『橋川文三著作集3』筑摩書房、昭和六十年）で、

本書については、尾佐竹猛博士（編著者註、法学者で大審院判事を勤め明治文化研究者でもある）の序文が簡にして要をつくしているが、その中に述べられているように、乃木将軍の遺稿中、この日記は「最も波瀾あり光彩あり人間味の横溢せる部分」であり、「珍中の珍、奇中の奇」というべきものである。ために、序文を求められた朝野名流の中には、その真偽を疑った人々もあるらしいが、私のように、普通に「名将乃木」の伝説を教えられて育ったものにとっては、たしかにしばらくはドギモを抜かれるに足りるものであった。一言にしていえば、これは明治十年前後における一青年将校の血なまぐさいデカダンの記録である。鴎外や透谷において「明治の青春」がはじめて正統な開始を示すとすれば、これは、いわばその不気味な序曲となるものである。そして、ある意味では、乃木のあの忘れられた不思議な殉死の謎を解くに必要な時代の

記録でもある。

と述べたあと、この頃の乃木の放蕩ぶりについて次のように述べています。

この時代がどういう時代であったかは説くまでもない。明治六年、乃木は二十五歳であったが、すでに前々年には二十三歳で陸軍少佐に任じられている。そして、日記の期間中、乃木が直接兵を率いて出動した騒乱には秋月、萩の乱と西南の役とがあり、役後の竹橋騒動もまた日記中の事件である。それらの騒乱についての資料的興味や、またたとえば明治八年七月六日の記事中に見るように、「参議板垣氏ナル者、日本橋於鯉・新橋小万・小勝等ノ数妓ヲ携エ来ル。此等畢竟痴狂ノ人ナリ」などという箇所も面白いが、それよりも全巻を通じてもっとも目に立つことは、青年乃木のいわば遊蕩ぶりであろう。

つまり私たちが現在関心をいだく明治初年の政治・社会の動向などもちろん記されていないし、士族騒乱の模様に関してもいささかも考察めいたものはない。訪問と来訪、贈答と宴席の記事のほかには、戦闘経過の記述があるにすぎない。例の植木坂の軍旗喪失事件についても、二、三行の記事があるだけである。また、前原一誠の参謀格であった実弟玉木正誼との交渉についても、簡潔な数文字を散見するだけである。要するにこの間の乃木の心中については推察の外はないし、また、随所に見られる漢詩・国詩にわずかにその反映らしいものがあるにとどまる。それに比べると、さきに述べたように、宴遊と妓女の記録は量においても、詳細さにおいてもまさっている。そして、ずいぶんいかがわしいような箇所も少なくない。

まず、巻中いたるところに、「小酌」の文字のない日は少なく、「満酔興闌」「大酔有異興」「対酌満酔」「酔臥」等々の文字が氾濫し、その間に実に丹念に席に侍した芸妓の名前が記されている。たとえば、明治八年二月三日の項—（中略）というような記事もある。この記事について、編者は「大将に粛然と大なる瞬間を与えたる反省の自記たる也」と注しているが、それ以上のことは日記からはわからない。ただ、そこにある密かな憂悶とデカダンの気持らしいものは、戦中派のわれわれにも（？）推察のつくようなものであったと思われるのである。

要するに、本書が面白いのは、いままでは曖昧模糊となっている「乃木伝説」を正当な意味で私たちが再構成する基礎資料であるということである。乃木大将などというう存在が初めから問題にならないというのならもちろん話は別であるが、私はそう考えていないのである。

冒頭で編著者が述べたように「黙して語らなかったことの意味も徹底的に考えて見る必要がある……乃木希典のような人物については、その『黙』にどのような意味があるかを思うべきです」と、橋川はいいたかったのかもしれません。

第三章　結婚そして第十一師団長まで

結婚と家庭生活

明治十一年（一八七八）六月十七日、薩摩藩藩医であった湯地定之の末娘お七と見合いをしました。これは乃木が、母壽子に「薩摩の女なら嫁にする」といったからだといわれています。当時薩長二藩の間には、敵対と不信がありました。それは、明治の全期間から大正に至るまで続いたのです。そのような情況で「薩摩の女」といえば、頻りに結婚を勧める母は諦めると乃木は思ったという説がありますが、乃木は単なる思いつきではなく、信念を持って「西南の役で敵として戦った、あの勇敢な薩摩隼人たちを育てた〈薩摩の女《さつまおごじょ》〉ならば嫁にもらってもいいと思った」とは考えられないでしょうか。

いずれにせよこの見合いは、紹介者である乃木の副官伊瀬知好成大尉の自宅新築祝の席で行われました。『日記』には「日夕出テ伊瀬知ヲ訪ヒ嘯山山水ノ幅ヲ贈リ新居を賀ス、小酌湯地ノ老溫ニ逢フ」と記されています。ちなみにこの時の「幅」は後年、伊瀬知好成から当神社に寄贈され、現在宝物館に所蔵されています。

同年八月二十三日、西南の役に参戦した兵士のうち、その恩賞に不満を持つ近衛砲兵大隊の兵卒約二百六十名が騒動を起こす竹橋事件が勃発。この事件が鎮圧されるのは八月二十五日で、二十八日に警備が通常に戻されます。

その最中《さなか》の同年八月二十七日、乃木はお七と結婚式を挙げました。この席に乃木が著しく遅れてきたことを非難する論調がありますが、この婚儀の前後は前述の通り非常警備体制下にありました。乃木は遅れてきた理由を詳しくは語っていませんが、余程の理由があったのだと考えられます。おそらくは、「私」よりも「公」に重きを置いた結果だったのではないでしょうか。

明治十一年十月十五日の『日記』には、天候は「大風雨」、「本日竹橋暴徒処刑、有詩」とあります。

天如有意自悲傷　　天意ありて自ら悲傷するが如し
暗雨凄風欲断魂　　暗雨凄風魂を断たんと欲す
五十三干城壮士　　五十三の干城壮士
空得反罪上刑場　　空しく反罪を得て刑場に上る

干城壮士とは宮廷を守護する近衛兵のことです。首魁三添卯之助等五十三名の死刑がこの日執行されています。「みやびたるひと」乃木は、死に逝く近衛兵へのかぎりない挽歌をつづっています。

なお、お七は結婚後「静子」と改名します。

明治十二年（一八七九）八月二十八日には長男勝典が、明治十四年（一八八一）十二月十六日には次男保典が、それぞれ誕生しています。

厩裡抱来撫馬時　厩裡《きゅうり》抱き来り馬を撫するの時
呱々如笑見如知　呱々《ここ》笑うが如く見て知るが如し
旅情偏恥是何意　旅情偏《ひとえ》に恥ず是何の意ぞ
不夢老親夢我児　老親を夢みず我児を夢む

この漢詩は、明治十二年十一月、甲斐・駿河・相模方面への長途演習に参加した時の作です。「呱々」は赤ん坊の泣く声のことです。勝典を厩へ抱いて出かけ、馬の鼻面を撫でながら勝典をあやした時、じっと乃木の顔を見た勝典の様子を、勝典を愛するあまり旅中の夢でその面影を見たことを詠んでいます。

乃木は、明治十二年（一八七九）十二月二十日、正六位に叙され、翌年四月二十九日大佐へと昇進し、六月八日には従五位に叙されました。

さて、この結婚生活には嫁姑の確執があったことから、乃木が靜子夫人への思いやりがないとか、子供への愛情が欠けていたから靜子夫人は別居したと、推測で書き立てる本もあります。また、一部の書には「徳川期や明治維新の頃の女性は封建制度の中でその地位が抑制されていた」などと、当時の世情にまで飛躍して書かれたりしたものも見受けられますが、はたして事実でしょうか。渡辺京二は『逝きし世の面影』（平凡社ライブラリー、平成十七年）で次のように述べています。

徳川期の女性はたてまえとしては三従の教えや「女大学」などで縛られ、男に隷従する一面があったかもしれないが、現実は意外に自由で、男性に対しても平等かつ自主的であったようだ。（中略）徳川期の女の一生は武家庶民の別を問わず、そう窮屈なものではなく、人と生まれて過すに値する一生であったようだ。悲惨な局面があったように見えるとすれば、それは現代人の眼からそう見えるだけで、それも一種の知的傲慢であるのかもしれない。徳川期の女ののびやかで溌剌としたありかたは、明治に入ってかなりの程度後退したかに見える。しかしまだ中期ごろまでは、前近代的性格の女の自由は前代の遺薫をかおらせていたのである。

そもそも「天照大御神」という女神を皇室の最高の祖神とする日本は、古来より男女の関係を相互補完関係として捉え、上代から男女互いの価値を認め合い、女性は独自の文化をも形成してきました。また、古来女性が家庭や社会の実質を支えてきたことは紛れもない事実です。保田與重郎は「女性の気品というものは、かつて日本の歴史の華だった」(『日本財団図書館・師範塾』)と述べています。

いずれにせよ、明治十五年九月十七日から夫妻が別居をしたのは事実で、しかも靜子夫人から申し出ています。しかしこの別居、延いては乃木家の嫁姑問題は、靜子夫人の芯の強さと優しさ、乃木の孝心と妻への誠心、姑の賢明さによって、明治十五年十月二十八日、靜子夫人が子供を連れて帰宅したことで、大きな教訓を得て解決をみました。

明治十六年(一八八三)二月五日、乃木は東京鎮台参謀長に任じられ、明治十八年(一八八五)

五月二十一日には少将に昇進し、熊本の歩兵第十一旅団長に任じられました。また、七月二十五日には正五位に叙されました。

ドイツ留学

明治二十年（一八八七）一月から二十一年六月十日まで、乃木は政府の命令によって同じく陸軍少将の川上操六とともにドイツ帝国へ留学しています。この留学については、明治天皇も非常に御期待を寄せられたことは、明治天皇からドイツ皇帝へ送られた宸翰によっても拝察できます。

乃木は、ドイツ軍参謀総長モルトケから紹介された参謀大尉デュフェーに就いて『野外要務令』に基づく戦略戦術の講義を受けました。通訳は、砲兵大尉楠瀬幸彦（後の中将陸相）と同伊地知幸介（後の中将第三軍参謀長）が行いました。乃木と伊地知との関係はこの時から始まったのです。次いで乃木は、ベルリン近郊の近衛軍に属して、ドイツ陸軍の全貌について学びます。ドイツ留学中、乃木は、軍医として同じく留学中の森林太郎（森鷗外）とも親交を深め、その交友関係は以後長く続きます。

帰国後、乃木は、復命書を陸軍大臣大山巌に提出しました。この復命書は、形式上川上と乃木の連名でしたが、川上は帰国後に病に伏したため筆を執れず、そのほとんどを乃木が単独で作成しました。その内容は、軍紀の確保と厳正な軍紀を維持するための綱紀粛正・軍人教育の重要性を説き、軍人は徳義を本分とすべきであることや、軍服着用の重要性についても記述されていました。この軍人の徳義についても、日本の特異性について次のように記しています。

欧州各国に於ける徳義の教育の如きは、彼れの宗教尤も與って力あること、今日少しく欧米の事端を窺いし者皆了知する所なり。然るに我邦佛教の如きは目下殆ど何の用を為す處なく、我が軍人が其心神を依托する處は、唯我が皇統万世なる今上陛下の威徳を戴き、明治十五年一月四日賜わる處の勅諭の聖意を服膺し、且つ累世の臣民たる武門武士が忠義を重ずる父祖の家訓を守る者にして今日あるに過ぎざるなり（和田正雄『乃木希典日記』金園社、昭和四十五年）

その後の乃木は、復命書の記述を体現するかのように振る舞うようになりました。留学前には足繁く通っていた料理茶屋や料亭には近づかず、やむを得ない宴会でも芸妓が出る宴会には絶対に出席せず、極めて質素な生活に徹するようになります。平素は稗《ひえ》を食し、来客時には蕎麦を「御馳走」といって振る舞います。また、いついかなる時も乱れなく軍服を着用するようになりました。

こうした乃木の変化について、文芸評論家の福田和也は、西南戦争で連隊旗を喪失して以来厭世家となった乃木が「空論とも言うべき理想の軍人像を体現することに生きる意味を見出した」と分析しています。この福田の乃木観には誤認があり注意を要します。かつて福田の評論に共感していた金本正孝が、『評伝乃木希典』を上梓する動機にもつながっているからです。

また作家の松田十刻は、前述の「復命書」で軍紀の綱紀粛正を諫言した以上「自ら模範となるべく振る舞わねばならないと考えての結果」（『廉潔・有情」に生きた最後の武人』ＰＨＰ文庫、平成十七年）という分析をしています。

もちろんそういった面もあるでしょうが、さらに深くこの行動を読み取ると、乃木は軍人としていかに生きるべきか、いかに死ぬべきかを悟り、国家との繋がりを再認識し、皇基を護ることに達観することで、まさに「かたくなにみやびたるひと」となり得たのです。故に、山県をはじめとするあらゆる呪縛から、精神的に開放する活路を見出したのではないかと観ています。

次井上哲次郎韻送姉小路氏
艱難世路豈無危
男子致身果何時
縦令前途多辛苦
須期唯在護皇基

井上哲次郎の韻に次し姉小路氏に送る
艱難の世路豈危うきこと無からんや
男子身を致すは果たして何れの時ぞ
縦令《たとい》前途辛苦多くとも
須らく期すべし唯皇基を護るに在りと

この漢詩は、ドイツ滞在中の明治二十一年一月四日の『日記』にあります。当時留学中の井上哲次郎博士が、姉小路公義伯爵（公使館一等書記官）の帰朝を送った詩に次韻して、乃木も姉小路伯に送られたものです。

乃木は、熊本の第十一旅団に帰任した後、近衛歩兵第二旅団長を経て、明治二十三年（一八九〇）七月二十五日、名古屋の第三師団歩兵第五旅団長に補せられます。この人事は明らかに左遷でしかありませんでした。乃木が「復命書」に求めた将校像が、あまりに厳格過ぎると感じた軍首脳部との軋轢《あつれき》が生じ、乃木を疎《うと》んじた山県らが、東京に在勤させることを嫌ったのかもしれません。その上、明治二十四年（一八九一）六月一日に、山県の腰巾着桂太郎が、乃木の上司として第三師団長に赴任します。しかし、乃木は桂太郎とそりが合わず、明治二十五年（一八九二）二月三日、病気を理由に二度目の休職に入りました。休職中の乃木は、栃木県の那須野に購入した土地（現、那須塩原市石林）で農業に勤しみます。これより後、乃木は休職するたびに那須野で農業に従事し、その姿は「農人乃木」といわれるようになります。

日清戦争への従軍

明治二十五年（一八九二）十二月八日、十ヶ月の休職を経て、東京の第一師団長山地元治の推挙を受け、歩兵第一旅団長となります。明治二十七年八月一日、日本が清国に宣戦布告して日清戦争が始まると、乃木は十月、大山巌率いる第二軍の下で山地師団長と共に出陣しました。

日清戦争とは、清国に服属していた李氏朝鮮が、政争や内乱のたびに大量の清兵の派兵を要請して、これが海峡一つ隔てた日本に不安と恐怖を誘発して勃発した戦争です。

乃木率いる歩兵第一旅団は、明治二十七年（一八九四）九月二十四日に東京を出発し、広島に集結した後、宇品港（現、広島港）を出航して、十月二十四日花園口（現、中華人民共和国遼寧省大連荘河市）に上陸しました。十一月から乃木は、破頭山、金州、産国および和尚島において戦い、十一月二十四日には旅順要塞を難なく一日で陥落させました。これが、後の日露戦争における旅順攻略死闘の一因となります。なぜなら陸軍首脳部は、旅順周辺における作戦成功の要因究明をろくに行わず怠ってしまったため、この地域の要塞軽視と過度な自信過剰とを生み出してしまい、後年再び旅順を攻める際に楽観視してしまったのです。

乃木はその後、翌年にかけ蓋平・太平山・営口および田庄台において戦い、特に蓋平での戦闘では、日本の第一軍（司令官は山県有朋・枢密院議長兼職）第三師団（司令官は桂太郎）を包囲した清国軍を撃破しました。乃木は、野戦の勇将としてその存在を改めて世に示しました。

日清戦争終結間際の明治二十八年四月五日、乃木は中将に昇進して「将軍の右に出る者なし」という賛辞を受けて凱旋帰国します。その後宮城県仙台市に本営を置く第二師団の師団長となり、後述する小笠原善平の訪問を受けます。

また、同年八月二十日には、男爵として華族に列せられることとなりました。

台湾総督への就任

明治二十八年（一八九五）五月、台湾で唐景崧を総統とした独立が宣言されたことを受けて、日本軍は台湾征討に乗り出しました。なお、同年四月に日清間で結ばれた下関条約により、台湾は日本に割譲されていました。乃木率いる第二師団も台湾へ出征します。

明治二十九年（一八九六）四月、台湾を平定した第二師団は、台湾を発ち仙台に凱旋しましたが、凱旋後半年ほど経過した十月十四日、乃木は樺山・桂に次ぐ第三代台湾総督に親任されました。軍政にすら携わったことのない乃木は、妻の靜子および母の壽子を伴って台湾へ赴任しました。この時、乃木に課せられた使命は、台湾の治安確立でありました。

十月二十六日、壽子は美子皇后陛下に拝謁を賜り、御嘉賞の御言葉と共に恩賜品を下賜される光栄に浴しました。

乃木が台湾総督になる旨が新聞に発表されると、乃木の自宅は、御用商人の包囲攻撃を受けました。御祝いや見舞いの名目で、書画・骨董・反物・菓子折などが続々と持ち込まれるようになります。しかし乃木は、それらに目もくれず書生・馬丁らに命じて突き返したとの逸話が、小笠原善平の日記をもとに書かれた徳冨蘆花の実話小説『寄生木』に誌されています。赴任先の台湾では、それに増して同様のことがあったようです。これら贈収賄まがいの行為は当時の慣習であり、おそらく前任者は受け取っていたのでしょう。しかし乃木はそれを良しとしませんでした。

乃木は「統治の根幹は教育にある」とし、台湾島民の拠るべき精神基盤として『教育勅語』の漢文訳を作成しました。また、現地人を行政機関に採用することで、現地の善い旧慣を施政に組み込むよう努力しました。しかし、前述のように一切の情実請托を拒否した乃木の統治方針の高邁さが、一部官民の不評を買いました。しかも乃木は、総督の片腕ともいうべき民政局長に人を得なかったため、積極的な内政整備をすることができませんでした。次第に民政局長曽根静夫ら配下の官吏との対立も激しくなり、乃木は政治的に総督として受け入れられず、乃木を中傷する声は日増しに大きくなった上、追い出すための画策まで起こります。明治三十年（一八九七）十一月七日、乃木は台湾総督を辞職しました。辞職願には理由として「記憶力減退（亡失）による台湾総督の職務実行困難」と記載されていました。

乃木による台湾統治について、官吏の綱紀粛正に努め自ら範を示したことは、後任の総督である児玉源太郎と、これを補佐した民政局長後藤新平による台湾統治にとって、大いに役立ったと評価されています。また、台湾の実業家である蔡焜燦は「あの時期に乃木のような実直で清廉な人物が総督になって、支配側の綱紀粛正を行ったことは、台湾人にとってよいことであった」と評価しています。

乃木の修養によって得た人格の光りは、なにものにも遮られずに、善良な台湾の人々の胸を打ったのです。

ところで、伏見桃山乃木神社の神門・拝殿・本殿の用材は、台湾阿里山の台湾檜です。特に神門の扉は台湾紅檜一幹で造られています。これは、神社創建を知った台湾の人々から、用材誂え（確保）について快諾があり、良質な大樹の伐採供出によって当神社が竣工したという歴史があります。

第十一師団長

台湾総督の辞任を機に、予備役に編入されることなく休職していた乃木は、明治三十一年（一八九八）十月三日、日露戦争の勃発を予想して新設された五ヶ師団の一つである、香川県善通寺市の第十一師団長に任ぜられました。乃木は、戦場に赴く覚悟をもって、今回は家族を伴わず赴任しました。

第十一師団長時代の明治三十二年十二月末より新春にかけて、乃木は家族を伴い伊豆修善寺温泉に湯治に出掛けています。この時『軍人心得十五箇条』を誌し、草稿を長男の勝典に清書せしめられました。この後、副官芦原甫少佐に向かって「自分の死後世に示せ、それまで発表を禁ず」と戒めて、本稿を渡したとのことです。この芦原は、西南の役のおり重傷を負った乃木を助けた軍曹です。

この『軍人心得十五箇条』は、軍人の心得というよりも、時勢に憤慨し、要路の権力者や上級将校の行動を痛罵した意見書のようなものです。第一と第二、第七は後掲しておきます。第三は「新華族・要路高官に薩長人が最も多いが、彼らが維新当時の困苦の状を忘れている」ことを嘆き、第四に「贅沢な飲食の害」を説き、第五に「上流社会の奢侈的生活に見習って、将校が商人服を着たり、金時計を持つなどは以ての外」と怒り、第六に「将校社会に骨董屋のあること」を責め、第八は「怠惰心」を戒め、第九に「嫁を権門・豪商に求めるな」といい、第十に「饗宴を無頓着にうけるな」と注意し、第十一に「将校夫人は質素にして品格を保て」と奨め、第十二に「驕奢と惰弱が徳川の末路になった」と説き、第十三に「舞踏会を排斥」し、第十四と第十五に将校の質素を力説しています。

この『軍人心得十五箇条』の第一と第二は『遺言条々』の爵位返上等にもつながる重要なことが誌されていますから抜粋して記載しておきます。

第一、……大元帥陛下ガ明治十五年一月四日ニ下賜サレタル勅諭ハ、我等軍人ガ日本武士トシ如何ニ銘肝セザル可ラザルヤ、又實賤躬行ノ義務アルヤハ多言ヲ要セズ。其精神ノ發揚ノ如何ハ、直チニ國威ノ如何ヲ證明スルナルベシ。
第二、此等ノ文字ヲ拜讀スレバ、實ニ悲痛ニ堪エ難キ感アルナリ。我明治元年ノ當時、所謂維新ノ元勲タリシ諸氏ノ品行ハ如何。其家ヲ爲シタル後、家風ハ如何ニ。其多數ハ實ニ恐ルべキ害毒ヲ後輩ニ傳染セシメタルニアラズヤ。然ルモ今日死者ニ就テハ猶更、生者ト雖モ訐テ之言フハ忍ビザル處ナレドモ、今ニ於テ尚ホ悔悟スルナキノミナラズ、稀有ニモ其己レニ習ハザルモノアル時ハ、却テ之ヲ忌悪スルニ至ルハ如何ゾヤ。而シテ之ヲ憤慨スルモノナキカ。否々彼ノ行爲ニ習ハザレバ、彼ノ好ム處トナリ能ハズ。彼ニ習ヒ彼ニ好マレテ、彼ノ如キ名譽モ幸福モ獲得シ能フベシト信ズルナレバナリ。

いやはや痛烈です。乃木が軍人社会および華族社会をどのように見ていたかがよくわかります。

第七には、過去の行状を恥じる記載もあります。

第七、我國ノ宴會ナルモノニ至テハ嘆息スベキコト、又言フニ忍ビザルコト多々ナリ。實ニ余ノ如キモ、明治十四五年ノ頃迄ハ、或ル時ハ主動者トナリテ料理屋宴會を開キタリシハ、今更慚愧汗顔ニ堪エズ。後ニ其非ヲ悔悟スルニ至リシト雖モ、世間ノ風潮ノ駸々タル勢ハ如何トモスル能ハズ。云々

明治三十四年（一九〇一）五月二十二日、日清戦争において一部の軍人が、現地で銀貨を収奪したという馬蹄銀事件に関与したとの嫌疑が乃木の部下にかけられたことから、乃木は、周囲の反対を押し切り辞表を提出して帰京しました。乃木は計四回休職しましたが、この休職が最も長く二年九ヶ月におよびました。

休職中の乃木は、従前休職した際と同様、那須野の別邸で農耕をして過ごしました。那須野では、農業に勤しみつつも、それ以外の時間はもっぱら松陰の『孫子評註』など、古今の兵書を繙いて軍事研究に勤しみ、演習が行われると知らされれば、可能な限り出向き、軍営に寝泊まりしてつぶさに見学して記録をとり、軍人としての本分を疎かにすることはありませんでした。

明治三十五年十一月四日の陸軍特別演習は、九州肥筑の野で行われましたが、乃木はこれを陪観しています。また、この演習の統裁官である明治天皇は、たまたま西南の役の激戦地である田原坂を御通過された際、

もののふのせめたたかひし田原坂まつも老木となりにけるかな

と御製を詠まれ「これを乃木に与えよ」と仰せられています。

また、乃木も想い出深い戦跡を詠んでいます。

野に山に討死なし、友人の血の色見する木々のもみぢ葉

天津風とく吹はらへ大君の御旗にかゝるあま雲の影

第四章　日露戦争旅順攻囲戦の正しい評価

日露戦争と国際法

露国と国交断絶した明治三十七年（一九〇四）二月五日、動員令が下り、休職中であった乃木は、留守近衛師団長として復職します。

五月二日には第三軍司令官に任命され、六月一日、広島県の宇品港を出航し戦地に赴きます。

ところで、日露戦争の解釈について、日本の大陸侵略の緒となったもので、戦争当事者でない支那（清）や朝鮮半島（韓国）の国土での戦争は、国際法からみても違法な戦争であったとする論がありますが、これはまったく事実に反します。

明治天皇は、日露戦争に反対の御立場でした。二月四日の開戦を決める御前会議で、明治天皇は「今回の戦ひは朕が志にあらず」と叡慮を示され、さらに「事万一蹉跌を生ぜば、朕何を以てか祖宗に謝し、臣民に対するを得ん」と、宸襟を明らかにされています。明治天皇は「戦争というものはするべきでない、一兵たりとも犠牲者が出るのはよくない」と御考えになっていたのです。宣戦の詔書は下されましたが、それは立憲君主として政府の決定に容喙《ようかい》しないという御立場を守られたに過ぎないのです。

やむなく開戦せざるを得なくなっても、明治天皇は国際法を遵守して戦闘行為を行うことを強く御求めになられました。それは開戦の詔書に明記され、実行を強く御求めになられています。そのため、次の五点を重視施策として指示されました。

（一）戦争の法規慣例に関するすべての国際条約への加盟
（二）陸軍大学校および海軍大学校における国際法講座の開設
（三）陸海軍省に平素から国際法専門家を配置
（四）開戦の詔勅に国際法遵守を明示
（五）満州軍各軍に二名の国際法専門家の配置

このことからも、明治天皇が如何に国際法を重視されたかを知ることができます。

また、日露戦争は他国の領土で戦われました。このことについて、元陸上自衛隊幹部学校防衛法制教官・佐藤庫八著『「日露陸戦国際法論」を読み解く』から抜粋して引用しておきます。

日本は事前に中立国の合意をとりつけた。
日露戦争は不思議な戦争である。主戦場は日露両国の領土ではなく、戦争の直接当事者ではない韓国と清国の一地方が戦場となった。

韓国と清国は一般的には中立国である。中立国は武力紛争の局外に立つので、原則として戦争地域になることはない。しかし、例外として、その一部、または全部が戦争地域になることがある。例えば、次のような場合である。

①中立国の領域が武力紛争の目的である場合

②中立国の領域が交戦国の軍隊の侵入を受けた場合

③中立国の意思に基づき、または中立国が十分な軍事力を持たないために、交戦国が当該中立国の領域、領海、もしくは領空を使用し、または交戦国の部隊、艦船、もしくは航空機が中立国の領域、領海、もしくは領空を不正使用するのに対し、当該中立国がそれを阻止しない場合（中略）

清国の一部地域は、まさに①②③の状況にあったといえる。当時の日本は、東進政策を強力に推進しているロシア帝国に脅威を抱いていた。満洲の主要な都市は軍事要塞化され、シベリア鉄道は急ピッチで整備され、同鉄道を利用して軍備力を増強していた。日本の生命線ともいえる韓国は、ロシアの軍事的圧力によって危機に瀕していた。この軍備強化の状況は、中立国に通知した宣明書によって明らかである。

このような状況のなか、日本は戦争に至った場合、戦場となる地域の法的性格について検討していた。韓国、清国とも独立国であるとの認識のもと、政治的、外交的に両国との合意を得るべく行動している。
　清国とは満洲を除き中立の立場を堅持するとの合意をとりつけ、韓国とは保護領化する議定書を締結している。

　以上のように、当時の政府が日露戦争にあたって、国際法上の手続きを遵守していたことは明らかです。

　さて、乃木が日本を発つ直前の五月二十七日、長男の勝典が遼東半島金州南山の戦いで戦死しました。乃木は広島で勝典の訃報を聞き、これを東京の妻靜子に電報で知らせました。電報には「名誉の戦死を喜べ」と記載されていました。勝典の戦死は、新聞でも報道されました。乃木の『日記』には勝典の戦死について「他言セズ」と誌しています。
　明治三十七年六月七日、南山の戦跡を弔い、山上の戦死者の墓標に向けて弔辞を供えた後に詠まれたのが、乃木三絶と賞される代表三詩の中でも傑作中の傑作といわれる、次の「金州城下の作」です。

金州城下の作

山川草木轉荒涼
十里風腥新戦場
征馬不前人不語
金州城外立斜陽

山川草木《さんせんそうもく》轉《うた》た荒涼《こうりょう》
十里《じゅうり》風腥《なまぐさ》し新戦場《しんせんじょう》
征馬《せいば》前《すす》まず人語らず
金州城外斜陽に立つ

翌八日、北泡子崖に向かう時に詠まれたのが次の歌です。

野に山に討死なせし益荒雄《ますらお》のあとなつかしき撫子の花

旅順攻囲戦

乃木が率いる第三軍は、第二軍に属していた第一師団および第十一師団を基幹とする軍であり、その編制目的は旅順要塞の攻略でした。

明治三十七年（一九〇四）六月六日、乃木は遼東半島の塩大澳に上陸しました。この時、乃木は大将に昇進し、同月十二日には正三位に叙せられています。

七月二十五日、第三軍は前進基地への攻撃命令を出しました。八月七日に一回目の、十月二十六日に二回目の、十一月二十六日には三回目の総攻撃を行いました。また白襷隊ともいわれる決死隊による突撃を敢行しました。

乃木は、この戦いで正攻法を行い、露国の永久要塞を攻略しました。正攻法とは壕を掘って敵陣に接近して突撃陣地を設けるなど合理的な戦法で、最後には坑道を掘り、工兵の爆破で敵陣地を陥落させます。しかし、一回目の攻撃は、大本営からの「早期攻略」という要請に半ば押される形で強襲作戦となりました。当時の軍装備、編制で要塞を早期攻略するには、犠牲覚悟の強襲法しかありません。しかし、大本営から与えられた露国の要塞に関する情報は皆無に等しく、与えられた地図も日清戦争当時のものでしかなかったため、この強襲法では非常に多くの犠牲者が出ることが予想されていました。

乃木の指揮については、司馬を始めとして批判的な論説がありますが、その戦術論は別として、歩兵第二十二連隊旗手として従軍していた櫻井忠温中尉は「部下が大将のために死なんことを思わざるものがなかったのも、まったく大将その人の風格が然らしめたものであった。私は乃木の手に抱かれて死にたいと思った」と後年述べています。

乃木の徳望が、旅順を攻略する重大な一因をつくったことを誰が否定できるのでしょうか。

乃木は、露軍を補充のできない要塞に封じ込め、自軍の損害を抑えつつ正攻法で攻撃し、相手を消耗させることで勝利できると確信していましたが、戦車も航空機もない時代に、機関砲を配備した永久要塞に対する攻撃は極めて困難なものでした。第三軍は、満洲軍司令部や大本営に度々砲弾を要求したものの、十分な補給が行われることは遂にありませんでした。

旅順攻撃を開始した当時、旅順要塞は早期に陥落すると楽観視していた陸軍内部においては、乃木に対する非難が高まり、一時は乃木を第三軍司令官から更迭する案も浮上しました。しかし、明治天皇が御前会議において、乃木更迭に否定的な見解を示されたことから、乃木の続投が決まったといわれています。また、山県参謀総長、井口・長岡両参謀は職権を乱用し、第三軍に対して直属の上級司令部である満洲軍司令部と異なる指示を度々出して現場を混乱させました。特に二〇三高地を攻略の主攻にするか否かについては、当の第三軍の他、所属する満洲軍の大山巌総司令や、児玉源太郎参謀長も反対していました。それでも大本営は、バルチック艦隊への迎撃に備える海軍側に再三催促されたこともあり、満洲軍の方針に反する指示を越権して第三軍に行い、乃木たちを混乱させました。

早期の旅順陥落を必至とみていた国民は、将兵の死傷が夥しい数になるにつれ、乃木に対する批判を強め、東京の乃木邸に投石をしたり、屋敷に向かって大声で乃木を非難する者が現れたりしました。また、乃木の辞職や切腹を勧告する手紙が二千四百余通も届けられたとのことです。しかし、後に旅順が陥落すると国民感情は豹変します。さらに、講和条約が締結されると、国民感情は憤激に変わります。これらの主たる原因は、偏向した新聞報道にあったと見てとれます。現代もその構造は変わりません。

この間乃木は、九月二十一日に伯爵に陞爵《しょうしゃく》しました。

十一月三十日、第三回総攻撃に参加していた次男保典が、二〇三高地で戦死しました。六ヶ月前の五月二十七日、長男勝典が戦死した直後、保典が所属していた第一師団長の伏見宮貞愛親王は「乃木の息子を二人戦死させては気の毒だろう」と考え、保典を師団の衛兵長に抜擢し、前線から後退させました。しかし保典はそれに不満で、父に直訴して再び第一線に出してくれるよう取りなしを懇願しました。親王は「予の部下をどのように使おうと自由であり司令官の容喙は受けない」と言い張りました。しかしその後、後備第一旅団副官に任じられ、旅団長の命令を第一線の隊長に通報するため、戦場内の坑路内を潜行中被弾し戦死してしまいました。

保典の戦死を知った乃木は「よく戦死してくれた。これで世間に申し訳が立つ」と述べたといいます。長男と次男を相次いで亡くした乃木に日本国民は大変同情し、戦後に「一人息子と泣いてはすまぬ、二人亡くした方もある」という俗謡が流行するほどでした。なお、乃木は出征前に「父子三人が戦争に行くのだから、誰が先に死んでも棺桶が三つ揃うまでは葬式は出さないように」と、静子夫人に言葉を残していたといいます。

乃木の獅子奮迅の戦いぶりは、露軍の心肝を寒からしめ、逆に第三軍の肉弾戦が士気を大いに滾《たぎ》らせます。明治三十八年（一九〇五）一月一日、要塞正面が突破され予備兵力もなくなり、薄暗いベトンに囲まれた空間で、重傷を負い恐怖に怯える露兵の抵抗は、最早不可能になったと感じた旅順要塞司令官アナトーリイ・ステッセリ（ステッセルとも表記される）は乃木に対し、露軍の「旅順開城に関する書簡」を軍使に持たせました。これを受けて一月二日、戦闘が停止され、旅順要塞は陥落しました。

なお、この戦いに関する異説として、旅順に来た児玉源太郎が乃木に代わって指揮を執り二〇三高地を攻略したという説が流布しています。この異説は、作家の司馬遼太郎が著した小説が初出で世に広まり、以降の日露戦争関係本でも載せられるほどとなりました。しかし、司馬作品で発表される以前にはそのような話は出ておらず、一次史料にそれを裏づける記述も一切存在していません。児玉は、僅かな銃砲の移動と砲撃目標を変更させせましたが、二〇三高地は児玉が来る前に一度は陥落するほど弱体化しており、再奪還は時間の問題であったのです。

また、この戦いで繰り広げられた塹壕陣地戦は、後の第一次世界大戦の西部戦線を先取りするような戦いでした。鉄条網で周囲を覆った塹壕陣地を、機関銃や連装銃で装備した部隊が守備をすると、いかに突破が困難になるかということを世界に知らしめました。他にも、塹壕への砲撃はそれほど相手を消耗させないことや、予備兵力を消耗させない限り敵陣地を突破するのは不可能であることなど、第一次世界大戦でも有効な戦訓が多くありました。しかし、西洋列強はこの戦いを「極東の僻地で行われた特殊なケース」として碌《ろく》に研究もせずに対策を怠り、第一次世界大戦は大消耗戦となってしまったといいます。

乃木は、戦歿の将兵を弔う慰霊式に臨んだ折、二〇三高地に凄惨なまでに銃弾と血が注ぎ込まれ、山の形まで変えてしまった激戦の地に佇み「爾（汝）の霊が籠もった山」と示すべく「爾霊山」の漢字を「二〇三」に当てて、静かに戦場跡を臨んでいる情景を詠んでいます。

爾靈山　　爾靈山

爾靈山嶮豈難攀
男子功名期克艱
鐵血覆山山形改
萬人齋仰爾靈山

爾靈山《にれいさん》は嶮《けん》なれども豈《あに》攀《よ》じ難《がた》からんや
男子功名克艱《こっかん》を期す
鐵血《てっけつ》山を覆って山形改まる
萬人《ひと》齋しく仰ぐ爾靈山

水師営の会見から凱旋まで

旅順要塞を陥落させた後の明治三十八年（一九〇五）一月五日、乃木は要塞司令官ステッセリとの会見に臨みました。この会見は水師営において行われたので、「水師営の会見」といわれます。会見に先立ち明治天皇は、乃木に対して山県有朋を通じ「ステッセリが祖国のため力を尽くしたことを讃え、武人としての名誉を保たしめん」との聖旨を賜りました。

この時、明治天皇は次の御製を詠まれました。

国のためあたなす仇はくだくともいつくしむべきことな忘れそ

この聖慮を受けて、第三軍は食事を用意し、ステッセリを始めとするロシア将校と昼食を共にしました。また、従軍記者たちの再三の要求にもかかわらず会見写真は一枚しか撮影させずに、ステッセリらロシア軍人の武人としての名誉を重んじたのです。乃木曰く「敵将（ステッセリ）に失礼ではないか、後々まで恥を残すような写真を撮らせることは日本の武士道が許さぬ」と。

こうした乃木の振る舞いは、旅順要塞を攻略した武功と併せて世界的に報道され賞賛されました。また、この会見を題材とした唱歌『水師営の会見』が作られ、日本の小学国語読本に掲載されることになります。

乃木は、一月十三日に旅順要塞に入城し、一月十四日旅順攻囲戦において戦死した将兵の弔いとして招魂祭を挙行し、自ら起草した祭文を涙ながらに奉読しました。その姿は、日本語がわからない観戦武官および従軍記者らをも感動させ、彼らは競って祭文の抄訳を求めたといいます。

乃木率いる第三軍は、旅順要塞攻略後一息つく間もなくただちに奉天会戦へ北進を開始しました。奉天会戦は、日露戦争最後の大会戦でした。第三軍は、西から大きく回り込んで露軍の右側背後を突くことを命じられ猛進しました。露軍の総司令官であるアレクセイ・

クロパトキンは、第三軍が日本軍の主力であると判断しましたが、当初は東端の鴨緑江軍を第三軍と誤解して兵力を振り分けていました。このため、旅順での戦闘で兵站《へいたん》が充分ではなかった第三軍も、進軍開始直後は予定通り進撃できていました。しかし、西端こそが第三軍であることに気づいたクロパトキンが兵力の移動を行い、第三軍迎撃に投入した結果、第三軍は総司令部との連絡がつかないまま孤立し、ロシア軍に包囲され苦境に陥りました。

総司令部は、第三軍の進軍如何によって勝敗が決すると考えていたので、総参謀長児玉源太郎は、第三軍参謀長松永正敏に対し「乃木に猛進を伝えよ」と述べたといわれています。児玉にいわれるまでもなく進撃を続けていた乃木は激怒し、自ら所在する第三軍の司令部を最前線にまで突出させましたが、幕僚の必死の説得により司令部は元の位置に戻されます。

その後も第三軍は、露軍からの熾烈な攻撃を受け続けましたが、進撃を止めませんでした。こうした第三軍の奮戦によって、クロパトキンは、第三軍の兵力を実際の二倍以上と誤解し、また、第三軍によって退路を断たれることを憂慮して、日本軍に対して優勢を保っていた東部および中央部の露軍を退却させました。これを機に形勢は徐々に日本軍へと傾き、日本軍は奉天会戦に勝利したのです。

アメリカ人従軍記者スタンレー・ウオッシュバンは「奉天会戦における日本軍の勝利は、乃木と第三軍によって可能となった」と述べています（『乃木大将と日本人』講談社学術文庫、昭和五十五年）。

次の漢詩は、明治三十八年の秋、日露両国の講和条約の成立を聞き、凱旋帰国の日を思ってその心境を詠ったものです。立派な多くの兵士が戦場に送り出され、凄まじい戦闘になり、死体が山のようになる惨状になった。凱旋ということで人々は沸き返っているが、あの将兵たちの親たちに、どういって詫びたらよいのかと、自責に追い詰められている乃木の心境が痛いほど伝わってきます。

凱　旋

皇師百萬征強虜
野戦攻城屍作山
愧我何顔看父老
凱歌今日幾人還

皇師《こうし》百萬強虜《きょうりょ》を征す
野戦攻城 屍《しかばね》山を作《な》す
愧《は》ず我何の顔《かんばせ》あってか父老に看《まみ》えん
凱歌《がいか》今日幾人か還る

明治三十八年（一九〇五）十二月二十九日、乃木は法庫門を出発し、帰国の途につきました。翌年一月一日から五日間旅順に滞在して砲台を巡視した後、大連を出航し一月十日に宇品に、一月十四日には東京新橋駅に凱旋しました。

乃木は、日露戦争以前から国民に知られていましたが「いかなる大敵が来ても三年は持ちこたえる」と露軍が豪語した旅順要塞を、極めて困難な中、半年あまりで攻略したことや、二人の子息を戦争で亡くしたことから、その凱旋は他の諸将とは異なる大歓迎となり、新聞も帰国する乃木の一挙手一投足を報じました。高まる歓迎ムードに反し、乃木は旅順攻囲戦において多数の将兵を戦死させた自責の念から、日本に帰国する直前、津野田参謀に「俺は帰国したくない。お前は俺についていると損をするから、他に出世の道を考えるがよい」と述べたといいます。宇品に上陸した時も、出迎えの人を避け、後に各方面で催された歓迎会への招待もすべて断るようになります。

東京に到着後、乃木はただちに宮中に参内し、明治天皇の御前で自筆の復命書を奉読しました。復命書の内容は、第三軍が作戦目的を達成できたのは天皇の御稜威《みいつ》、上級司令部の作戦指導および友軍の協力によるものとし、また、将兵の忠勇義烈を讃え戦歿者を悼む内容となっていました。自らの作戦指揮については、旅順攻囲戦で半年の月日を要して、多くの犠牲者を出したこと、奉天会戦ではロシア軍の退路遮断の任務を完遂できなかったこと、また露軍騎兵大集団に攻撃された時は、これを撃砕する好機であったにも関わらず達成できなかったことを挙げて「臣ガ終生ノ遺憾ニシテ恐縮措ク能ハザル所ナリ」と奏上しました。乃木は復命書を奏上する途中嗚咽したといわれています。

さらに乃木は、明治天皇に対し「自刃して明治天皇の将兵に多数の死傷者を生じた罪を償いたい」と奏上しましたが、天皇は「乃木の苦しい心境は理解したが今は死ぬべき時ではない、どうしても死ぬというのであれば朕が世を去った後にせよ」という趣旨の御言葉があったという逸話が、大正元年九月二十四日付の国民新聞の記事にあります。しかし、乃木が本当に泣き崩れたのであれば、言葉は必要ありません。武人である乃木が、明治天皇に「死なせてください」などと言挙げすることは、あまりにも畏れ多いことで、乃木にできることではないと思います。乃木は「かたくなにみやびたるひと」です。「死ね」という声は、乃木自らが発する言葉であることは自覚していたと思われます。

ところで、この復命書の内容が予め総司令部に報告された時、総司令部は修文を求めましたが、乃木は頑として応じませんでした。それ故、大本営や総司令部の乃木に対する風当たりは一層強いものとなっていきます。乃木の指摘した三点は、いずれも大本営・総司令部に責任のあることでした。よって、陸軍当局は「攻撃力ノ缺乏ニ因リ退路遮断ノ任務ヲ全ウスルニ至ラズ」の二十五文字は一般に公表する時伏字としたのです。この当局の措置は、すでに「尋常《よのつね》ならずすぐれたる徳《こと》のありて、可畏《かしこ》きもの」である「加微《かみ》（神）」（本居宣長『古事記伝』）となっている乃木には、与り知らぬことでした。

次の和歌は「悼兩典（兩典を悼む）」と題して詠まれました。

咲くことをなどいそぎけむ今更にちるををしとも思ふ今日かな

これは、勝典・保典を戦場で喪ったことを追懐して、父としての至情を詠んだ歌です。当時二児を喪ったことについて所感を求められるままに発表した筆記には「彼ら二人が戦死した報に接した時には、はてどんな死様をしたであらう。人に笑はれるやうな、無様な死様をして居らぬだらうかと、このことを満更、思はぬではなかつた。と云つて敢て他人に訊《き》かうとも考へなかつた。無論、軍人たるべき者は、ことあるの日に一死、以て君恩に酬ゆるのが、天職である」と誌されています。

公人として、司令官としての乃木の精神がよく現れています。ただ、二人の息子が生きていれば、孫の顔を見たいと思ったことでしょう。乃木の本心は、悲しみの極みであったに違いありません。この歌には抑えても抑え切れない寂しさが滲んでいるようです。

乃木が指揮した旅順攻囲戦は、日露戦争における最激戦であったため、乃木は「日露戦争を代表する将軍」と評価されました。また、その武功のみならず、降伏した露兵に対する寛大な処置も賞賛の対象となり、特に水師営の会見におけるステッセリの処遇については、世界的に評価されました。乃木に対して世界各国から書簡が寄せられ、敵国露国の『ニーヴァ』誌ですら、乃木を英雄的に描いた挿絵を掲載しました。また、子供の名前や発足した会の名称に「乃木」の名や、乃木が占領した「旅順」（アルツール）の名をつける例が世界的に頻発しました。加えて乃木に対しては、ドイツ帝国、フランス、チリ、ルーマニアおよびイギリスの各国王室または政府から各種勲章が授与されました。

第五章　皇基護持への道程

学習院院長就任

日露戦争後の日本は、勝利を収めたにもかかわらず黒い霧に覆われたかのようでした。皇室の藩塀《はんぺい》たる軍人と華族社会は、戦勝に浮かれ、風紀は多いに乱れ、その上いわば第二の鹿鳴館時代ともいうべき世界主義的な風潮があり、上流社会はその最先端にありました。

明治四十年（一九〇七）一月三十一日、乃木は軍事参議官兼任で学習院院長に親任されました。この人事には、明治天皇が大きく関与しておられます。山県有朋は、明治三十九年七月、時の参謀総長児玉源太郎の急逝を受け、乃木を後継の参謀総長とする人事案を天皇に内奏しました。しかし明治天皇は、この人事案に裁可を与えず、皇孫たる迪宮裕仁親王（後の昭和天皇）が学習院に入学することから、その養育および華族の教育を乃木に託すべく、同年八月、宮内庁御用掛を命じられ、学習院教育に参与せしめるべく院長に親任されたのです。この時の御沙汰は「学習院学生ノ教育ハ朕ノ夙ニ軫念《しんねん》スル所ナリ、今回特ニ卿ニ命ジ同院教育ノコトニ参与セシム。卿能ク此意ヲ体シ実績ヲ挙グルコトヲ勉メヨ。学生教育上意見アレバ宮内大臣ト熟議ヲ遂グベシ」というものでした。

学習院院長は文官です。武官が文官になった時は「陸軍将校分限令」により現職を退いて予備役に編入されるのが通例ですが、明治天皇の勅命で、乃木は陸軍大将身分を保持したまま文官たる学習院院長の職に就きました。まさに異例の人事であったのです。明治天皇は、乃木の学習院院長就任に際して、次のような御製を詠まれました。

いさをある人を教のおやにしておほしたてなむやまとなでしこ

これに対し乃木は、

身は老ぬよし疲るともすべらぎの大みめぐみにむくいざらめや

と詠みました。

学習院は、皇族・華族子女のための教育機関です。その華族社会が、日露戦争後戦勝気分に酔い、華美に流れ、惰弱に陥らんとする風潮にあったことを憂えられた明治天皇は、学習院教育を大いに刷新しようと思召され、誠忠無比の武人たる乃木をもって成そうとせられたのです。

乃木は、当時の学習院の雰囲気を一新するため全寮制を布き、六棟の寄宿舎を建て、学生と寝食を共にして生活の細部にわたって指導に努めました。なお、学習院は明治四十一年に目白の現在地に移転しましたが、乃木の居室であった総寮部は、乃木歿後に現在の赤坂乃木神社の横に移築され、公園の一部に「乃木館」として保存されています。

乃木の皇族・華族に対する教育方針は、一般の生徒と区別せず大変厳しいものでした。明治四十一年（一九〇八）四月、迪宮裕仁親王が学習院に入学するに際し、

一、御健康第一と心得べきこと。
二、御宜しからざる御行状と拝し奉る時は、之を矯正申上ぐるに御遠慮あるまじきこと。
三、御成績については、御斟酌然るべからざること。
四、御幼少より御勤勉の御習慣をつけ奉るべきこと。
五、成るべく御質素に御育て申上ぐべきこと。
六、将来、陸海の軍務につかせられるべきにつき、その御指導に注意すること。

の覚書を初等科主任に命じて作成し、これを全教職員に徹底しました。

次に掲げる要領は、乃木が学習院時代に初等科の生徒を前に常々話されていた事項を、史料に基づき、伏見桃山乃木神社創建者村野山人が箇条書きに要約したものです。

当時の時代背景や社会状況の中で、乃木が皇族の子弟を含む子供の教育に、どのような姿勢で、どのような人格形成を目指しておられたかを理解できるよう、当時の訓示要領をできるだけ忠実に書き下したものです（抜粋）。

一、口ヲ結べ、口ヲ開イテヰルヤウナ人間ハ心ニモ締マリガナイ。着衣ノ上ノ帯ヲ巻イタダケニシテオクコトハイカン。後ニ堅ク結ンデオケ。
一、眼ノツケ方ニ注意セヨ。始終キョロキョロシテ居ルノハ心ノ定マラナイ証拠デアル。
一、決シテ贅沢ヲスルナ、贅沢ホド人ヲ駄目ニスルモノハナイ。
一、俥ニハ成ルベク乗ルナ。家デ俥ヲヨコシテモ乗ラナイデ帰ル位ニセヨ。
一、破レタ着物ヲ其ノママ着テ居ルノハ恥ダガ、ソコヲツギヲシテ着ルノハ決シテ恥デハナイ、イヤ恥ドコロデハナイ、勲章デアル。
一、恥ヲ知レ、道ニハズレタコトヲシテ、恥ヲ知ラナイモノハ禽獣ニ劣ル。

当時、裕仁親王は赤坂の東宮御所から車で目白の学習院まで通っていらっしゃいましたが、乃木は徒歩で通学するよう指導しています。

昭和四十六年四月二十日、松江に行幸された時の記者会見で、昭和天皇は次のような御言葉を述べられています。

乃木大将については、私が学習院から帰る時、途中で偶然、乃木大将に会って、その時、乃木大将から「どういう方法で通学していますか」と聞かれたのです。私は漫然と「晴天の日は歩き、雨の日は馬車を使います」と答えた。すると大将は「雨の日も外とうを着て歩いて通うように」と言われ、私はその時、贅沢はいけない、質実剛健というか、質素にしなければならないと教えられました。

これ以外にも枚挙にいとまがない程、昭和天皇は訓示要領を実行されています。まさに「御矯正申上ぐるに御遠慮あるまじきこと」を乃木は実践したのです。それは常に慈愛の籠もったものであったといえます。

他方で、そうした乃木の教育方針に反発した生徒たちもいたことは序章にも述べました。彼らは同人雑誌『白樺』を軸に「白樺派」を結成し、乃木の教育方針を非文明的であると嘲笑しました。これらの動きに対し、直接関係があるかどうかわかりませんが、乃木は「徽華美音近し」と追書きして明治四十五年六月、学習院教員食堂において一同に示した和歌があります（『近代浪漫派文庫』新学社、平成十八年）。

さみだれにものみな腐れはてやせむひなも都もかびの世の中

『中興鑑言』について

序章で述べたように、乃木は殉死前の九月十一日には東宮御所において皇太子裕仁親王（後の昭和天皇）・雍仁親王（後の秩父宮）・宣仁親王（後の高松宮）に拝謁して、皇太子裕仁親王に『中朝事実』『中興鑑言』の二書を奉呈しています。さらにその折「希典が平素愛読仕ります本にて、肝要の処には希典が自ら朱点を施し置きましたが、今は未だ御分りは遊ばされざるべきも、御為になる本にて、追々御分り遊ばさるべく、只今の中は折々御側の者に読ませて御聴取遊ばされる、やう、献上仕り置きます」と言上しています。

『中朝事実』については概略を述べましたから、ここでは『中興鑑言』について、乃木の「天皇観」を識《し》る上で重要なことですから、しっかりと述べておきます。

『中興鑑言』は、乃木が影響を受けた山鹿素行や吉田松陰の著書でなく、江戸中期の儒学者三宅観瀾《かんらん》が著した、建武の新政の得失や後醍醐天皇の失徳を論じた本であり、尊皇書であっても他書との違いが明らかです。

また乃木は、裕仁親王に奉呈する前の明治四十二年三月に、自筆書写した『中興鑑言』を、自費により五十部石版印刷しています。五十部という冊数は「天皇の藩屏」すなわち天皇の周囲の者に講じたか、または講ずるつもりであったと思われます。さらに、天皇と側近は絶対この書を読まねばならないというのが「忠臣」である乃木の信念であったに違いありません。それは、将来の天皇となられる裕仁親王に奉呈した事実で明らかです。

『昭和天皇実録』の昭和七年十二月五日の条（抄録）には、

午後二時五分より御学問所に出御され、東京帝国大学助教授平泉澄の「楠木正成ノ功績」と題する講話をお聴きになる。内大臣・宮内大臣・侍従長・侍従武官以下の側近が陪聴する。賜茶の際、大化改新が醍醐天皇以後にその実を喪失した理由、専制政治下の政治の失敗に対する天皇の責任の有無、後醍醐天皇の建武の中興失敗の理由とその責任如何等につき御下問になり、平泉よりそれぞれ奉答を受けられる。

と、昭和天皇も読まれたことを窺わせる記述がなされています。昭和天皇は、皇太子時代東宮御学門所で、白鳥庫吉から『國史』を学ばれています。その昭和天皇の教科書（『國史』原本五巻縮写合冊・勉誠出版、平成二十七年）には「失政」「失徳」という言葉はありませんから『中興鑑言』を読まれて御下問なされたと推測できます。なお、皇国史観の平泉澄は「建武中興」の失敗は後醍醐天皇の御政に帰するというのは「天下の通説」であり、その主張者として頼山陽、新井白石、三宅観瀾を挙げ、その著『建武中興の本義』（至文堂、昭和九年）で「通説」に反駁を加えています。

後醍醐天皇が建武の中興を通じて企図されたのは、いうまでもなく天皇親政の復活であり、いわゆる延喜・天暦の治の再現でした。延喜は醍醐天皇の御代で天暦は村上天皇の御代であり、これにあやかる意味で後醍醐と、恒例を破って生前に自ら名乗られたのです。

それでは『中興鑑言』（原漢文）はどのように論を進めているのか、構成と主要な内容をみていきます。読み下し文は『勤王文庫第壹編』（大日本明道会、大正八年・国立国会図書館デジタルコレクション）から引用し、一部は新字体としました。現代語訳は梶山孝夫の「江風舍」を参考にしました。

構成は論勢、論義、論徳の三編と跋からなり、さらに論義編は興復（二条）・両統・正統の三章、論徳編は修身（二条）・治家（三条）・勤政・風俗（二条）・号令・賞罰・御将（二条）驕奢・土木・聚斂（三条）・総論の十四章からなっています。論徳の叙述は全体の七割五分の分量があり、中心は論徳編にあるといえます。

『中興鑑言』論勢編

勢は猶水の如きなり。涓々に始まりて、漸々に積み、以て汗漫澎湃、一決して去るに至れば、則ち防ぐに千里の堤を以てすると雖も、亦禦ぐ可からざるなり。勢の王室を去るや久し。其の由る所を原ぬるに、亦将に何れに在るか。蓋し土地兵甲は、勢の実なり、本なり。礼度名数は、勢の文なり。末なり。二つの者相無かるべからざるの術にして、其の能く軽重を審かにし、以て低昂を制する者、必ず先づ其の本を厚ふし、其の実を積み、豊大盛強、自ら其の中に溯《みつ》ることあり。而して此れを以て行わば不可なる所なし。

（勢いは水のようなものである。ちょろちょろと流れるところから始まって、徐々に積み重なって大河となり、満々と漲り溢れて一方に流れるようになると如何ほど長大なる堤を築いても防ぐことはできない。それは国家天下においても同じであり、この勢いが天子の御家を去って久しいことである。その由緒を尋ねてみると、どこに在るか。よく考えてみると、土地と兵力は勢いの正味であり根本であって、礼式節度や名数（大臣などの役職には数に限りがあること）は勢いの文であり枝葉である。この二つのものはなくては叶わぬものであって、よく事の軽重を詳らかにし、そして高下を行う人は必ずまずその正味と根本を積み厚くし、自然と豊かで大きな土地を持ち人々の意気を強くして、その中から満ち渡るようにするのである。この道によって政治を行えば宜しくないことはないのである。）

昇平の久しき、生れながら帝王たる者、億兆の上に坐し、宮帷の中に長し、亢して降らず、日に逸楽に就く。政を為せば例に比し、材を用ふれば品流（○家筋）にす。倭歌伶楽、以て俗を化するの具となし、賽神佞仏、寵僧崇巫、以て永命を祈るの資となす。夫の軍国機枢の務と、征行暴露の労とに至りては、挙げて之を賤しき有司なる者に委ねて、不問に置き給ふ。天の君を立つるは、将に以て斯の民を愛せしめんとし、而して民の我れを戴くは、亦皆前王遺徳の致す所たるを知り給はず、乃ち昂然としておもへらく。天上の人、足土を践まず、固より吾が職なりと。

（太平が永く続いて、生まれながらに天子の位を践んで民の上に座し、宮廷に長く成長されて傲慢となり、淫逸な楽しみに耽っておられる。政治は先例に任せて、人材は家筋によって才不才を見ずに用いられる。和歌や音楽で国は治まり、風俗は直るものと思し召されて、神仏を仰いで巫女・山伏・僧侶などを寵愛し崇めて永命を祈願される。軍政と政治の最高の務めや野外の戦線に立っての労苦などは賤しき小役人に任せて干渉されない。天が君を立てるのはまさに民を愛させるためであり、また民が我を戴くのはみなご先祖の遺徳であるということをご存じなく、昂然として吾は天上の人であり、土を践まないのが持ち前であると思し召されるのである。）

そして源頼朝が出現し、後鳥羽天皇の承久の変、後醍醐天皇の建武の中興の文章に繋がります。

而して帝の如き、今の得る所を拈《たの》みて、古の喪ふ所を遺れ給ふ。業就《な》り志汰《おご》りて益々宴宅を恣にし、土木珍異、内謁濫賞、競うて縉紳に與へ、楽を一朝に取り、意欲日に広く、国計匱《とぼし》きを告くれば、乃ち租税を加徴し、銭鈔（紙幣）を作為し、紛々として自ら支持し給はず。一諫臣藩宗（○護長親王）ありと雖も面も言納れられず。死して尚知り給はざるなり。壅蔽の極、処置乖錯し、以て夫の姦雄（○足利尊氏）を関外の野に縦てば、則ち党旧声類、四面斎しく起る。真に土崩して瓦解するに均し、又収む可らす。之を卒ふるに車駕南幸し給ひ、将士日に以て賁墜し、境土日に以て削蹙し、僅に虚器を窮山幽谷の間に擁し給ふ。力竭き勢迫り、劫和を聴いて旧都に入り、南都滅びて、天下永く足利の有と為る。

（そうして、後醍醐天皇は現状に満足して古に学ぶことをお忘れになられた。中興が成就して志が驕ってますます平安をむさぼり、普請を行い、珍物を玩び、女人の進言を用いて公卿に恩賞を与え、楽しみをほしいままにされた。勝手向きが乏しくなってきたと告げられると、租税を多くし紙幣を発行して混乱を引き起こした。護良親王のように諫言を呈する者があっても聞き給わず、親王薨去後もそうであった。このようにに上下がふさがり、その処置が当を得ないで尊氏を関東へ派遣されれば、志を同じくする者や勢いに乗じて従う者が四方より斉しく起こり、真に土崩れて瓦解するに均しく、収拾することが出来ない。さて遂に吉野に還幸されて、諸将士も日々に落ちぶれ、境土も日々狭くなり、僅かに神器のみを擁して吉野にましました。力尽き、勢いも迫り、講和となって旧都に戻られるや、南朝は滅びて天下は永く足利氏のものとなったのである。）

護良《もりなが》親王は後醍醐天皇の皇子で大塔宮ともいいます。二十歳で比叡山延暦寺の天台座主、後に還俗して建武の中興で大業を果たされますが、足利尊氏らの奸策により捕えられ、鎌倉の土牢で御首を刎ねられます。現在、鎌倉市二階堂に鎮座する鎌倉宮の御祭神として祀られています。

『中興鑑言』論義編

次に論義編復興章へ移ります。この章は二条からなり、一条目は中興に至るまでの概説であり、二条で後鳥羽天皇から始めて後醍醐天皇が北条氏を誅滅するまでを述べています。以下は大要です。

　中興の事、其れ已むべけんや。源氏時乱に乗じ、姦計を創め、窃に我が祖宗の土地を有ち、威強を挟んで、沮抑を肆にせしゝり、其の名は天子と為りて、手を拱き為す有ること能はざらしむること。贅旒《ぜいりゅう》のごとく然り。後鳥羽帝之が憤に勝へ給はず、倉卒挙ぐることあり。陪隷（〇北条義時）の徒、則ち益々猖獗、旌を抗《あ》げ闕を指し、取りて而して、之を窮海に幽し、終天帰り給はず。当時衣縦横に流投屠戮の惨にかゝる者、亦其の幾くなるを知らす。辱、已に甚だし。後嵯峨帝に至り、常に報雪せん事を懐ひ給ふ。時非に、勢乖き、隠忍身を終へ、わずかにその意を孫子百年の後に貽して、済すことあらんを庶幾《こいねが》ひ給ふ。而して後醍醐帝乃ち赫然として奮怒し給ひ、四方を糾合し、壁に嬰り一戦し、破れて摧けず、遂に渠魁（○北条高時）を殄《た》ち、支党を夷げ給ひて、幾んど噍類なし。凡そ日月の照す所、漸海極陸、奔走して命に帰せざるなし。則ち列聖二帝在天の霊、於に以て慰するを得たり。其れ豈已めて面して為さゞる可けんや。賊、再び起り、彊圉守を失へば、則ち復神器を抱負し徒歩南行したまひ、草葉を披いてもつて居り、手掌の地を擁して、滔天の寇に敵し、寧ろ討滅を以つて之れ期と為し給ふ。

（中興は止めてはならないものである。源氏はその時の乱を幸いとし、姦計によってわが祖宗の土地を盗み、その強威をもって王権をほしいままにし、ただ天子は名ばかりで、手を拱いて何事もなすことができないようになってしまった。それを後鳥羽天皇は深く憤らせたまいて、卒然と兵を挙げられたのである。地位の低い身分の賤しい者がますます勢い盛んとなり、軍旗を掲げて禁廷を攻めかけ、天皇を捕らえて隠岐へ幽閉し、生涯お帰りになれなかった。その時分、公卿などが流されたり、殺されたりする悲惨な目に遭う者はいくらという数を知らなかった。莫大な辱めであった。後嵯峨天皇になって、その恥を雪ごうとの思いを抱かれたが、時至らず時勢は背いて、思し召しのままにならず、わずかにその思いをご子孫に託して達成されることを念願されたのである。そうして後醍醐天皇は明確な怒りを懐かれて、四方の諸将士を糾合し、城に立て籠もって戦われ、破れても屈せず、遂に悪人どもやその家来を討ち、ほとんど殲滅されたのである。日月の照らすところ、海陸の果てまで天皇の命に服さないものはなかった。ここに、後鳥羽・後嵯峨二帝の神霊も慰められたのである。そうであるから、中興は止められるべきものであろうか、決してそうではないのである。賊が再び勢力を盛り返し全国の守りを失うと、また神器を抱えて吉野に徒歩で行幸し、草庵に居住され、僅かな土地によって天にはびこる大悪人を討滅することを期されたのである。）

以上までが、建武の中興に至る経緯と失敗の概要です。この後、両統章・正統章と続きますが、紙幅に余裕がありませんから省略し、論徳編について述べておきます。

『中興鑑言』論徳編

三宅観瀾は、まず後醍醐天皇が受けた教育を取り上げています。ここからが、乃木が裕仁親王に『中興鑑言』を奉呈した主たる目的であり、『昭和天皇実録』に記述されていない理由であったかもしれません。もっとも徳については、『中朝事実』においても屡々《しばしば》述べられています。

論徳修身二条

後醍醐帝の学とし給ふ所以のもの果たして何ぞや。曰く、倭歌なり。古の声何ぞそれ希にして、而して後の詠何ぞそれ繁ぎ。（中略）男女の交、悲愉の感、駢集して互攻する毎に、其の噍殺滌濫の音と、綺艶促切の詞とを藉りて、以て吾が鬱を泄さざること能はず。意至り言随ひ、制止を知らず。而して玩んで流風と為す。毎世必ず編撰する所ありて以て一代の大典と為す。廟廊の上冕を傾け斑を支へ、俛焉吟哦し、日を過し思を凝して、而して神を時花流景閨房帷幬の間に費す。抑太平の余華観るに足るべきことありと雖も、而も淫佚を誘ひき、文弱を資く、弊も亦多し、宜なり其の以て夫婦を経めんと欲して益乱れ、而して以て風俗を美にせんと欲して弥々靡ることや。帝尤も其の芸を嗜み給ひ、精を専らにし意を刻し、寝食置かず著す所、幾千首に下らず。当時専門の流と雖も、與に巧を争ひ難し。其の時を安んずるの力を信ずること、歌を作るの巧に勝たず。而して優游玩愒の態、柔情曼容の娯、因りて以つて潜に滋り暗に長じ、妾嬖をして多言し、上下をして偸安せしむるを致す。

（後醍醐天皇の学問となされたところが、どのようなものかといえばそれは歌学である。古の歌は特別な場合にしか詠まれなかったけれども、後には何と多くが詠まれるようになったことであろうか。（中略）男女の交わりや悲喜の感情がならび集まって、互いに打ち合い責め合い、常に悲しみ心を減らす音楽と美しい言葉や文章によって憂鬱をはらさないということはないのである。思いのまま意のままに優雅な遊びが風俗となり世々歌集が選集されて一代の大典となった。宮中ではまつりごとにかまけて和歌を詠むことに苦心し、花鳥風月や日常を歌題としたのである。これはなるほど太平の世の華やかさにはみるべきものがあるけれども、度がすぎた悪品行と文弱を招いており、弊害が多いのである。男女の道の筋道をたてようとしてますます乱れ、風俗を美しくしようとしていよいよ乱れるのは尤もなことである。後醍醐天皇はその芸術を嗜まれ、精魂を傾け、寝食を忘れて詠まれる和歌は幾千首を下らなかった。当時、歌を家業とする者であっても、その技巧を争うことができなかった。時を安んずる力を信ずることは、歌を作る巧みに及ばなかった。そうして、ゆったりと遊び真剣みがなく、野心を持つ者は暗躍し、寵愛の婦人の言を採り、上下の人々とともに一時の保きを得たのである。）

観瀾は「後醍醐天皇は統治者としての教育ができていない。このような状態では統治権の行使などは出来ない」といっています。さらに宗教の問題があります。

次に、宗教が朝廷の政治に与えた直接的な影響が述べられています。

嘗て朝廷の典礼を読むに、一歳の行事、半ば修法に在り。乃ち聖体と雖も、或は徒跣して行を練り、山林を周歴するに至る。夫の精明の運将に以て天下を経綸せんとする者をして、一に枯槁誕慢に由り、唯灰滅蝉蛻せざらんを恐れ、而して機政の務、将に以て暴乱を鎮め、眚咎を塞がんとする者をも、亦専ら祈穰厭蠱の少数に委せしむ。これ後の治暗く法荒み、野に金革多くして、而して国危蹙の憂を懐く所以なり。帝夙く禅旨を悟り、密法に精しく、僧人を招いで以て鎌倉を詛い、親ら金輪の法を修め、六波羅の平ぐを祈り給う。而して足利氏の強、以て勝服する所を知らずして、外国の僧を延いて之と問喝し給う。行宮に絶に臨めば、乃ち妻子珍宝及王位臨命終時不随者を唱へて以て要義と為し給ふ。而して色に耽り、財を崇め、宮室狗馬、且、屏け給ふこと能はざれば、則ち此の学や、宮中仁王経を誦して、而して台城荷々の泣をする者と奚んぞ異ならんや。

（日頃、朝廷の典礼を読んでみると、一年の行事の半ばは仏法である。すなわち天子といえども裸足で修行し、山林を周歴される。かの天下を治める精明の時節を忘れて、人生を味のないものとし職務を怠り、未来に再生することを思い、政務としての災いを鎮めて失政を防ぐべきものは、専ら呪いごとの小事によるのみである。これでは後の政治は暗く法は荒み、乱世となって、そして国は民に余裕が無くなっていく道理である。後醍醐天皇は早くに禅を悟り、真言密法に精しく、僧を招いて鎌倉を呪い、自ら金輪法を修めて六波羅の平安を祈念された。そうして足利氏が強大となり、帰服させることができずに外国の僧を呼び寄せて色々と質問をなされた。行在所に崩御の際には、妻子珍宝と王位臨終不随者の経文を唱えて、要義となされた。しかも色に耽り、財を崇び、玩好の物を斥けることをなされなかった。だから御学問というのは宮中で仁王経を誦することであって、「言行不一致」とどうして異なることがあろうか。）

後醍醐天皇は、仏教に凝りかつ溺れていたと観瀾は述べています。さらに、自分は帝王であり、帝王が祈ったのであるから必ず成就されるという態度がある。この態度は、宗教を自ら律するものとは受けとらないから、言行不一致が出てくると述べています。

続いて観瀾は治家へ論を展開させ、後醍醐天皇は自分の家すら治めることができなかったと述べています。

論徳治家三条
天徳の純は、王道の息まさる所以なり。帝固より多々の欲ありて念慮に雑り、而して云々の事、吾已に其の終らざるをトす。何ぞや。曰く。内寵盛にして、女謁行はる、を以てなり。（中略）冀安に属すと雖も、階して以て乱を創むること、古よりして是なり。況や恢復を以て已が責と為す。（中略）自ら維城（○大塔宮）逸するも、亦准后の膚愬《ふそ》に由るなり。終に巨寇を逸するも、亦准后の援助に由るなり。
（天徳が純粋であることが、天皇の天下を治めたもう大道が今に已まずして行われている理由なのである。後醍醐天皇は元来多くの欲望をお持ちであった。その段々のなされようは、終わりをよくなされぬところであり、吾らがとくとトい知り得るのである。それはどうしてかといえば、奥向きの行儀がおさまらず、ご寵愛の婦人の言うままに政治を行われたからである。（中略）平安の世でも、これが一緒になって乱れることは昔から多いことなのである。ましてや、天下を取り戻すことを自らの責任と思し召されるのであれば尚更である。（中略）護良親王が災厄に遭われたのもご寵愛の准后の讒言を容れたことによる。尊氏を取り逃がしたのも同様のことにある。）
知らずして之を為す、之を愚と謂ひ、知つて之を為す之を迷と謂ふ。色の人国を禍するること尚《やさ》しいかな。而して聡察の主、材智の臣、毎に其の耽溺を為し、蕩として復返らず、以て身を喪ひ邦を覆すに至る。其れ知らずして之を為すか。抑知りて之を為すか。帝も亦千載の英主のみ、然るに人を愛する所子に若くはなし、而るを況や護良の功烈識謀、一時比無きをや、政の慮る所、姦賊に若くは莫し、而るを況や、足利尊氏の巨勢詭計、一時又之れが比無きをや。而して卒に厥の詒《あざけき》を受け、児を執へて付遣し、之が屠割に任す惨言ふ可からず。其の処心の顛倒以て茲に至るは、豈に艶妻中夜の泣、内より之を促すことありて、然るにあらざらんや。迷、甚しと謂ふべし。是に由つて之を観れば、未だ夫婦正しからずして、而して父子親を得る者あらざるなり。邦の能く治まり且久しき所以は、要するに其の主の幼を養ふに、正人を以てするに在り。而して乱れ且つ短きに至る所以は、要するに亦其の主を養ふに小人を以てするに在り。三代の隆盛なるは、斯れに由らざるはなし。治道係ること切なり。

（およそ何事にも、知らないで事を誤るものを愚かといい、知って後に誤るものを迷という。色欲の迷い国に禍することは今に始まったことではない。そうであるから、聡明なる主人や智者といわれる臣下でも、常々色欲に溺れ、いかにも再び本心に反ることがないのである。そうして身を失い、国を覆すことになるのである。これは、知らないうちになしてしまうのか、それとも知っていてなすのか。後醍醐天皇は千年に一度くらいの英明な王かもしれないがそれだけで聖人ではない。しかも、人の愛するものは子に及ぶものはないのである。ましてや、護良親王の功業と智恵は当時比類のないものだったのであるから、当然ご寵愛があってしかるべきであった。政治でもっとも肝要なことは奸賊を退けることである。そうであるのに、足利尊氏の勢力は大きく陰謀に富むこと、比類がなかった。そして、ついに欺いて護良親王を捕らえて東国に下して虐殺したのである。悲惨なることというまでもない。後醍醐天皇の御心が顛倒してこのようになったのは、お気に入りの后妃などが夜中に泣き口説いて促したに違いないのである。迷いの甚だしいことといわなければならない。これを考えてみれば、夫婦の間柄が正しくなく、父子の間柄に親しきを得なかったからである。国がよく治まり永く続くためには、要するに主人が幼いときに正しい人が養い育てることが肝要なのである。乱れ、短いのは小人だったからである。夏・殷・周の三代が盛んであったのも、ここに拠ったからであり、治道の大切なところである。）

続いて、後醍醐天皇が諸政一新、積極的に実行に着手される論徳勤政に移ります。

論徳勤政

帝祚を践み給ひてより、親ら記録所に御し、訟を聴きて冤を通じ、糶を出して飢を救ひ、関税を除いて行旅を利し給ふ其の始初、清明善政累々として記すべし。以て民観を改め人心を萃めて、中興の謀を兆し給ふや広し。惜むらくは、其の終わらざることを。

（後醍醐天皇が帝位にお就きになってより、記録所にお出になって直々に訴えを聞いて無実のものに通じ、給米を出して窮民を救い、関所を廃して往来の便をよくした。このように、その初政は何事にも清く明らかであって、善政が引きもきらずに出て記録されたのである。こうして民の生活が改められ人心が集まり、中興のはかりごとが兆し出て手広くはなったが、惜しいことに完成には至らなかったのである。）

続いて、観瀾は「法」と「風」の関係に論を移し、これを無視していては統治ができないと、論を原点に戻します。

論徳風俗二条

帝の時、天命一革す。其の承けて之を革むるや、将た法に於てせんか。風に於てせんか。夫れ法は風を持する所以の具にして、風は法を出す所以の源なり。古の聖人、よく其の時勢人心の移る所を察し、其の趨に因りて而して其の偏を矯め、之が中制を立て、、以て一世の帰を上に定むることあり。則ち凡そ紀綱の維く所、令号の施す所より、以て賞刑黜陟、文章器度に至りても亦皆考ふる所ありて、以て之を創め、而して遵ふ所ありて、以て之を守り、久しきに至りて弊へざるなり。故に帰定まれば、則ち法随ふ。未だ徒に法を革めて而して能く天下の帰を還すものあらざるなり。

帝素より高世主に高きの心あり。大業を復し給ひてより、変更する所多し。其の言に曰く、「今日の旧例は、乃ち往日の新制なり。安んぞ朕の新制、復、後日の旧例とならざるを知らんや」と。蓋し或は式令の典を用ひ、或は源氏の制を剗り、或は古に復し、或は今に沿り、紛々並べ挙げて、而して夫の君主養ふ所、臣工玩ぶ所、奢佚靡弱、胥ひ共に淪滔する者に至りては、則ち啻に因仍するのみならず。方に且扇熾して、振刷更張し、定めて大帰を為すの道を講ずる蔑し。法未だ布かずして、而して先ず潰ゆること、豈に宣ならずや。然りと雖も、其の風を正さんと欲する者は、必ず先づ其の身を正す、是を以て難きなり。

（後醍醐天皇の御時に天命が一度革まったのである。それを承けて革めることは、まさに法律においてであるか、風俗においてであるか。それ、法律というものは風俗を維持するための手段であり、風俗は法律を生み出す源である。古の聖人はよくその時の勢いや人の心の移りゆくところを察して、その赴き向かうところによってその歪みを矯正し、中正となし過不足なき状態として一世の帰着するところに定めたのである。すなわち、紀綱が維持され、号令が実施され、そうして賞罰を授け、文章や器度に至るまですべてに思慮を及ぼして、はじめて遵法されるのである。だから、これを守って長い間衰えないのであって、天下の人心が服従するのである。いたずらに法律のみを改めて、天下が平穏に帰着するというものではないのである。

後醍醐天皇にはもとより高く抜きんでる天子の御志があった。大業を復興されてより、変更されるところが多く存在した。そのお言葉には、今日の旧例は過去では新制度あったのだから、どうして私の新制度も将来は旧例とならないことがあろうか、と仰せられた。考えてみると、時には北条氏の制度を用い、また源氏の政治に借り、あるいは古に復し、そして今により、紛々と並べあげて、そうして人君が養うところ、臣下の玩ぶところの、驕りがましく贅沢にして君臣ともに奢侈に溺れるに至っては、ただ昔に復したというのみならず、ますます勢いを増し、肝要の道を定めることがなかった。法律がいまだ行き届かぬうちに潰えてしまったことは当然のことではあるまいか。そうであっても、風俗を正そうと思うものは、まず自らを正さなくてはならないが、これが難しいことなのである。）

『中興鑑言』総論と跋

『中興鑑言』は、さらに号令・賞罰・御将（二条）驕奢・土木・聚斂（三条）と続きますが、本書では紙幅に余裕がありませんから、総論と跋について記しておいて『中興鑑言』の概要記述を終えます。

総論

帝の徳に怠るや多し。志満ちて欲縦まゝに、本に乱れて儀に惑ふ。それ何を以て朝廷と百姓とを正さん。而して法紀貿乱し、総攬当を失ひ、佞人用ひられ諫臣微なり。復た何を以て郡国を綜べて機密を繰らん。是に由つて祖業再び墜ちて振復すべからず、許多忠義の士無辜の民をして、鋒鍔に委ね溝壑に填ち、禍縣々として熄まざらしむ、慎しまざるけんや。其の徳を歴叙するに利を以てして終る。孟軻氏の戒むる所、吾れ其れ感なからんや。

（後醍醐天皇は徳義に怠りたまわることが多いのである。志に満ちて欲心がほしいままにあって、徳を治めたまう本が乱れて手本が異なってしまった。これでどうして朝廷と民を正しく済うことができようか。また法律が乱れ、統治が正しくなく、よからぬ者が用いられ、正しく諫める者はあるかなしかの如くである。これでどうして国を治めて万機に政を操ることができようか。そうして、祖宗の偉業がくずれて再び盛んにならず、幾多の忠臣義士や罪のない民が槍や矢で命を落とし、あるいは生活難に陥り、禍が長く連なって止まないのである。誠に慎まなければならないことである。その徳を一々述べると、利ということに尽きるのである。孟子が戒めたところに私は強く感ずるのである。）

跋

勢不可を知りて義已むべからざるものあり。義に任ずれば則ち、事やぶる。義不可を知りて勢止むべからざるものあり。勢に徇へば則ち道欠く。二者相雑るの際に当たり、固より軽重を権り、終始を審かにし慮を積み智を殫して以て発すと雖も、其の機に中り其の功を完うするを得がたし。而して其の能く勢をして暗々の中に黙遷し、義をして昭々の上に順行せしむること、春陽の物を融し、疾風の草に被るが若く天下の事を挙げて施すとして意の如くならざるなき者は、特り徳にあり。君子其れ予め以て之を養はざるべけんや。仰ぎ惟みるに列聖化を承け政と俗とに簡に、時無為と称す。中世故多きより、治乱相踵ぎ、後醍醐帝に至るに逮んで、恢興を済すを図り、成りて復た覆る、則ち其の処置の方、馭攬の術と、夫の闔闢の邃、貨利の細と、微悪得失、沓然として並べ集め、陳べて之を論ずれば大に以て世の戒となるものあり。今乃ち敷暢條次し、之を三節に総べて以て斯の編を造る。冀くは以て漢廷の秦暴を援き、唐人の隋奢を述るに倣はん。嗟、予が言の拙くして議の陋しきを以て、苟も治を願ふの君、以て自照することあらば則ち千歳を過ぐと雖も、其の明も亦将に蔽はざる者あらんとするか。

（およそ何事にも時の勢いを頼りとしてはならないことは知っていても、義理においてやむを得ないことがある。義理に従えば事がならず、義理に従わずしても時の勢いにはどうしようもないことがあり、そうかといって勢いに従えば道理に欠くことがある。このように、二つの道が相容れない時には、その軽重を考え、その情況をよく把握して、思慮を積み重ね智恵のかぎりを尽くしても、その功業を完全に成し遂げることはできないものである。その勢いは暗がりの中に正しく遷し、義理を明らかにして順行させ、春陽がものを融かし、疾風の草を被い、天下を挙げて行うのに思い通りにならないのはただに徳義にあるのである。だから君子はかねがね徳義を養わなければならないのである。

仰いで考えてみるに、代々の天子の徳化を承けて、政治と風俗は簡略にして無為を称したのである。ところが中世になると事件が多く治乱が続き、後醍醐天皇に至ると、天下の回復を図られ、遂に成功したが又覆ってしまった。これは天皇の処置のされ方、総覧の方法、奥向きのこと、経済のことなど善悪得失を重ねて論ずれば、大いに世の戒めとなることがあろう。そこで今、ひとつひとつを条を立てて述べ、論勢・論義・論徳と三節にまとめてこの論を造ったのである。願うところは漢の朝廷において秦の暴虐を宣伝し、唐人が隋の奢りを述べて戒めとしたことに倣おうとするのである。ああ、私の言葉拙く、議論が固陋ながらも、誠に治を願う君があって自らの智恵を照らすことがあれば、千歳を歴てもその智恵は蔽われることはないのではなかろうか。）

以上が、『中興鑑言』の概要です。総論と跋を読めば、観瀾の著作目的は明らかです。後醍醐天皇の建武の中興を他山の石として戒めとすることであり、皇室の制度、建武の中興そのものを否定しているのではなく、真の天皇はかくあるべきだとの論です。ただし、観瀾は誰のために書いたのかという疑問が残ります。そのうえ、何故に後醍醐天皇の失徳をこれほどまで才筆駆使して追求する必要があったのでしょうか。さらにいえば、乃木が裕仁親王にこの書を奉呈した真の目的は何だったのか、乃木はその理由について一切言及していませんので想像を膨らませる他に手段がありませんが、賢明な読者諸兄姉には、すでに察しがつかれているのかも知れません。

それでは、昭和天皇御自身は、後醍醐天皇のことをどのように捉えていらっしゃったのでしょうか。推し量ることは憚られますから、本書では『昭和天皇実録』から、皇太子時代の山陰沿海行啓の記述を紹介し、その一端を窺うに止めます。

七日　土曜日　午前六時十五分境波止場に御上陸になり、堺駅を御発車七時四十分御来屋駅にて下車され、人力車にて海岸にお成りになり、鳥取県知事佐竹義文の説明により後醍醐天皇御上陸地点を御見学になる。それより別格官幣社名和神社に立ち寄られ、御会釈になる。次に松のお手植えをされた後、玉垣裏において焼米【祭神名和長年の米倉があった場所と伝えられ、合戦の際に焼き払われたときのものとする焼米が出土する】発掘の様子を御覧になり、終わって神社外に繋留された鳥取県産の牛馬を御覧になる。ついで御休所の名和尋常小学校にお立ち寄りになり、付近有資格者に謁を賜い、名和神社宝物および安養寺より取り寄せられた後醍醐天皇皇女瓊子内親王遺物を御覧になる。八時三十五分、名和臨時停車場より御乗車になり、境駅にて下車され、十時十五分御召艦香取に御帰艦になる。直ちに御召艦は出航する。航行中は降雨にかかわらず艦橋に佇立され、海上・沿岸を御眺望になり、あるいは天幕撤去・水雷艇引揚等の艦内作業を御覧になる。

午後一時三十分、御召艦は隠岐島前別府湾に到着、投錨する。直ちに海士波止場より中ノ島に上陸され、徒歩にて後鳥羽天皇火葬塚にお成りになり、御拝礼になる。引き続き後鳥羽天皇行在所址を御覧になり、島根県知事西村保吉より説明をお聞きになる。行在所址脇に松をお手植えの後、陵墓守部村上助九郎宅にお立ち寄りになり、同家所蔵の後鳥羽天皇御在世時にかかる御遺物および故乃木希典の愛馬寿号【旅順要塞開城の際、敵将ステッセル中将より乃木に贈られたアラブ種の馬。その後乃木より鳥取県赤碕の牧場主佐伯友文に贈られ、ついで同人より隠岐島司村上寿夫に贈られる】を御覧になる。帰途、隠岐に伝わる田植式を御覧になり、三時四十五分、海士波止場により御乗艇、四時十分西ノ島の黒木村に上陸される。それより黒木山にお成りになり、後醍醐天皇黒木御所址を御覧になる。暫時景色を御眺望になり、御所跡に檜をお手植えの後、御召艦香取に御帰艦になる。香取は四時三十分別府湾を出航し、関門海峡へ向かう。(『昭和天皇実録』「大正六年七月七日の条」全文記載のまま)

名和神社は、源朝臣名和長年をお祀りします。元弘三年閏二月、前年鎌倉幕府によって隠岐に流されておられた後醍醐天皇が、密かに隠岐島を逃れ出られた時、長年公に救いを乞われました。長年公は、後醍醐天皇を船上山にお遷しし、一族郎党を集めて、攻め寄せる幕府軍から後醍醐天皇をお護りされました。

また黒木御所址が現在の黒木神社といわれています。御祭神は後醍醐天皇で、大正天皇も皇太子時代に行啓、参拝されています。

福沢諭吉の『帝室論』

ここまで、『士規七則』『中朝事実』『中興鑑言』を紹介して、乃木の天皇観を窺ってきました。さらに乃木の天皇観を識るためには、『古事記』『日本書紀』の「神代史（神話）」について、乃木はどのように捉えていたかを把握する必要があります。『中朝事実』に触れた四八頁で「『歴史的事件』というのは明確な出来事をいい、神代史における『歴史的事実』とは、歴史的事件の記述の断片を含む、古代人が持っていた思想の表現のことをいいます」と述べました。「神話」が歴史的事実の思想の表現、つまり祖先が皇室に対して如何なる考えを有していたかということだとするなら、「神話」は「歴史」として把捉することもできるのです。

昭和天皇は、皇太子時代東宮御学門所で、白鳥庫吉から「國史」を学ばれたことは先述しました。その白鳥庫吉は、乃木が学習院の院長に就任する時、教頭的な位置にいました。その時の様子を山本七平の『昭和天皇の研究』（祥伝社、平成七年）から引いておきます。

ただ乃木（希典）大将が学習院長になったとき、白鳥博士は少々心配であったらしく、ある種の了解を求めた。これは前記の『小伝』の筆者石田幹之助氏の話である。

「私どもは乃木さんという人は非常に頑固な人だと聞いておったものですが、それでも先生（白鳥博士）のお話によって案外分かる人だとも思いました。乃木さんに神話と歴史的事実は別のものであるということを篤と生徒に話したいと思うけれども、了解しておいてもらいたいということを言ったら、乃木さんはまことにもっともだ、神話は神話で歴史事実は歴史事実だ、ということで、ちょっとみるとそういうことは反対のように思われるんだけれども、よく了解してくれた、ということを私にお話になったんですがね。」

この記述は片面的です。乃木に対する評価は、白鳥か石田に誤認があると思われます。明治二十五年、二度目の休職に入っていた乃木は、那須野から桂彌一に宛てた手紙の余白に「写真」と称して自画像と、その上に「天照大神宮」の五字と「士規七則」の四字を賛のごとく記載するほどの「敬神家」で「尊皇家」です。

しかし乃木は、学習院教授・寄宿舎寮長の服部他助に「恰も地獄や極楽へ実際自分で旅行でもして、帰ってきたかのやうに、嘘八百を事実のやうに吹聴する。この虚偽が嫌ひである」（服部他助『恩師乃木院長』民友社、大正六年）と語ったといわれています。これまで述べてきたことで、乃木は天皇を「現御神《あきつみかみ》」と認識していたことは間違いありませんが、神話をまるごと「事実」と言い張り、天皇を「現人神《あらひとがみ》」とする類の主義者とは遠い存在であったかも知れません。そのことが、福沢諭吉の論と天皇観で共感することに繋がったのでしょうか。

保田與重郎は、福沢諭吉のことを『述史新論』（『保田與重郎文庫』新学社）では「文明開化の宣傳者だつた福澤諭吉が、日本人が舊来持續した國民感情の形象的事物を嘲弄した態度は、融和の態度でなく暴力の態度であつた」、『日本に祈る』（『保田與重郎文庫』新学社）では「明治御維新以後、大久保利通とか福澤諭吉と云つた人々の指導した文明開化日本の成立のためには、當然、近代戰の為の準備となり原因となるもの、即ち市場と植民地の開拓をなさねばならなかつた」と述べています。

福沢は、近代西欧文明とその合理主義を日本に移植した人物です。しかも、西洋礼賛の啓蒙思想家（市民的自由主義者）で、近代欧米における科学技術や政治制度や市場経済を高く評価しています。それは、欧米列強からの侵略を防ぐためであったと擁護する向きもありますが、『脱亜論』や、福沢が主宰していた新聞『時事新報』に記載された「朝鮮人民のために其国の滅亡を賀す（朝鮮滅亡論）」を著すなど、帝国主義的な言説を展開し、文明の名において他国を侵略することを肯定しています。この思想について、いくつか留保をつけた上ですが、日本の独立を守るため「夷を以て夷を制す」という思想であるといえるのかも知れません。

乃木も、福沢のことを思想的に対極にある人物と見ていたようです。

ところが、福沢諭吉の『帝室論』（明治十五年）、『尊王論』（明治二十一年）の合本である『帝室論・尊王論』が明治四十四年に時事新報社から出版されると、乃木は購入通読します。そして、称賛し国史学者・学習院教授の大森金五郎に次のように語りました。「福沢は拝金宗の人とのみ思ひしに、かかる考も持ち居たるなど。これその一世に尊崇せられたる所以なり」「その所論を見るに往々嫌になる比喩も無きにあらねど、全般に於て論旨徹底逼らず激せず、綽々として余裕あり。説き起し説き去る所、其の人の人格の程を相見すべし」（『乃木院長記念録』）

また、長府出身の新聞記者・随筆家の大庭柯公には「流石に議論に根底がある、総体でもないが段々肯かれる点が少なくない、大体に於いて同感だ」（『乃木大将』山口屋書店、大正二年）と、乃木は語っています。

それでは、乃木は福沢の論に「大体に於いて同感」といって共鳴したといわれていますから、このことを前提にして、乃木の天皇観を識るために、『福沢諭吉の日本皇室論〈帝室論・尊王論〉』（池田一貴訳、島津書房、平成二十年）から、考察するため重要と思われる箇所を記しておきます（本書解説者註、福沢諭吉は帝室論において、皇室のすべての側面に触れているわけではない。あくまでも政治と関わりのある部面についてのみ言及している）。

帝室〈皇室〉は政治の世界外の存在である。いやしくも日本国にあって政治を論じ、政治にかかわる者は、その主張の中で帝室の尊厳と神聖を濫用してはならない、ということは私の持論である。…………

帝室は万機〈政治上の重要事〉を統べるものであって、万機に当たるものではない。〈帝室は政治上の重要事全体を統一的・調和的に治めるものであって個々の問題の処理に当たるものではない。〉統べるということと当たるということとは大いに区別がある。これを考察することは緊要なことである。…………

皇学者流の人々はその主張を固く守るがゆえに、その主義が時として教条的な宗教の宗旨論のようになってしまい、自分たちと考えの異なるものを受け入れず、かえって自分から主義の普及を妨げているかのようだ。…………

今この軍人の心を収攬してその動きを抑制しようとするには、必ず帝室に依存しなければならない。帝室は、政治社会のはるか外にある。軍人はただこの帝室を目的にして運動するだけである。（中略）もとより今の軍人であれば、陸海軍卿の命令に従って進退すべきであるというのは当然であるけれども、その卿は、ただ軍人の形体を支配して、その外面の進退を司るだけである。軍人の内面的な精神を制して、その心を収攬する引力は、ひとり帝室の中心にだけあると知るべきである。…………

畢竟、保守論者や皇学者流の諸士は、その心ばえは忠実であっても、社会経営の理に暗いために、忠を尽くそうと欲しても忠を尽くす方法を知らず、恩に報いようと欲してもその恩徳の所在を知らないのだ。だから彼らの持論は、常に過去の報恩が主体となっており、現在のことに触れない。それゆえ、彼らの所説は、往々にして教条的な宗旨論の風を帯びて、融通に乏しい。自説に固執して他人に敵対することが激烈であるだけでなく、その同志と称する者の中には、古い勤王論には不似合いの人物もおり、また少壮の輩にはずいぶんと学識に欠け、激しいだけの者もいないわけではない。

…………

しかしながら、帝室は無偏無党にして億兆国民の上に降臨したまうものであり、我々人民は帝室による一視同仁〔親疎の差別なく万人に平等に仁愛を施すこと〕の大徳を仰ぎ奉るべきものである、ということは私が繰り返し弁論したところである。この論旨が正しく、また日本人民が帝室に対し奉る本分というものがまさにこの点にあるとするなら、帝室が政党と関係を持つべきでないことは明らかである。強いて帝室が政党に関係すべきだと主張する者は、畏れ多くも帝室の尊厳を汚すものであり、帝室の神聖を損なうものであり、尊皇の心のないものである。（福沢諭吉『帝室論』）

これが、『帝室論』で重要と考えられる箇所です。福沢は「天皇を政治社会の外に置くことでその政治利用を排除する」という提言をしていますが、保守論者や皇学者には厳しい眼を向けています。いずれにせよ『帝室論』は、福沢が執筆者で福沢の思想であることは疑いを挟む余地はありません。

次に『尊王論』ですが、この論文は『時事新報』の編集者石河幹明が執筆したとの説がありますが、福沢が署名著作として出版した以上、それが福沢の思想であることも間違いありません。そのことは、『尊王論』が国民は尊皇心を持つべきだ、という内容でなく、国民が尊皇心を持つとすればそれは何のためか、という論からも判然とします。

今、立論を三つに分ける。

第一、国家経営上における尊王の必要性はどのようなものか。

第二、帝室が尊厳・神聖である所以はどのようなものか。

第三、帝室の尊厳・神聖を維持する工夫はどのようなものか。…………

これは単に本人にとって幸いであるのみならず、実際には社会の安寧を獲得したのと同じことであり、社会経営上の大きな利益ということができよう。西洋諸国の帝王などは、その由来をたどれば、もとより日本の帝室に遠く及ばないけれども、彼らは帝王の尊厳・神聖の威力によって人民の心を調和し、社会の波乱を鎮めるのである。それだけでなく、おのずと世の中の務めの方向性を示し、文学や技芸などを奨励して、民間の利益や国益の基を開くものが少なくない。ましてや、わが至尊である帝室ならなおさらのことである。国家経営の上における帝室の功徳は、さらに一層大きなものがあるだろう。…………

世界中の至宝と称してその価値の最も高い物は、必ず日常生活の実用に相応しくない品であり、実用から離れれば離れるほど、いよいよ人々が貴ぶのが常である。

……しかしながらここにある人がいて、その人の家系は何百年も前から歴史上明らかであり、その宗祖某は何々を創業して家を起こし、その第何世の主人は何々の偉功をもって家を中興し、その子々孫々、今に至るまで家が継続してきた、ということであれば、たとえ現在のその人の知徳が凡庸であっても、ひどく無知で不徳でないかぎりは、彼は社会において栄誉を維持することができるだろう。ましてや、その人の徳義や才知が平均より大きく抜きんでている場合はなおさらである。他の何倍も世間から大きな尊敬を受けるに違いない。（中略）前述の言葉は人情に違わぬものであり、それにぴたりと当てはまるものとして、わが国には、帝室というものがある。この帝室は日本国内の無数の家族の中で最も古く、その起源は国の開闢とともに始まり、帝室以前に日本に家族はなく、開闢以来今日に至るまで国中に生まれた国民は、ことごとく皆その支流に属するものであり、いかなる旧家といえども、帝室と新古の年代を争うことはできない。……

近年、政府の方でも神社仏閣の保存に注意しているようだが、それはこの辺の趣意に出たものであろうか。その趣意はともかく、私はこれに賛成せざるを得ない。なぜなら国中の寺社はたいてい皆、由来が古いから、国民がその古さを慕うことは帝室を慕う端緒となるからである。そのことは、帝室の由来に対する比較の領域を広くするからである。（中略）それを愚民の迷信と言えばたしかに迷信であろうが、人知の不完全な現在の小児社会では、彼らが神仏視するものをそのままにして、懐古の記念に残すことは帝室の利益になることであり、またそのほうが知者のやり方であろう。

………

今の華族本人は必ずしも大智大徳ではない。ときには平均以下の人物もいるだろうし、その財産も誇るほどではない。しかし、家の由緒をたずねてその祖先の功業を聞けば、由来が古くて他の人ではかなわないものがある。だからこそ世間の人々は、現在の華族本人の人物や財産を問うことなく、はるか昔の祖先を想起し、あたかも現在の人を古人の代表であるかのようにみなし、古を慕う心で今を尊敬しているのである。これが、尚古懐旧の人情である。こうした気風が盛んであることは、自然に帝室の利益になるので、華族を帝室の藩屏とすることは決して荒唐無稽なことではないのである。（福沢諭吉『尊王論』）

これが、福沢諭吉の尊王論の大要です。

福沢の論に対し乃木は、「大体に於て同感だ」と語ったと述べましたが、福沢の論旨からは天皇が「現人神」とする神話的な概念はありません。あるのは「天皇の維持は国家独立・文明進展に有用である」という、空疎で功利的ではありますが合理的（道理や理屈にかなっているさま。物事の進め方に無駄がなく能率的であるさま。『広辞苑第六版』）な論説です。乃木は「大体に於て同感だ」といっていますが、「その所論を見るに往々嫌になる比喩も無きにあらねど」とも語っています。「嫌になる比喩」が何かはわかりませんが、乃木には福沢の論に同感することができる合理的思考の側面があらねばなりません。あったとすれば、合理的な軌跡があるはずです。

乃木の「忠孝」「忠君」の合理性

乃木と軍事教育会高橋静虎との問答集『乃木大将武士道問答』（軍事教育會、大正二年九月十三日）があります。この問答は、乃木の添削（明治三十四年五月七日付、湯河原で静養中の乃木から高橋宛書簡）がありますから、事実と見て差し支えがありませんので、以下読みやすくするため、句読点を補って抄録しておきます。

問

優秀なる精神とは如何なる精神にして（以下省略）

答

優秀なる精神とは、忠君を以て精髄と為し自己の面目を保つを以て骨子と為したるものにして、決して物質論者の如き自己本位に非らず。故に何事を為すにも、先ず君の御為めを考へ、次に武士の面目を汚す事なきや否やを詮議するなり（以下省略）

問

今日の驕奢華美は適其精神上に大なる空乏あるを表示するものにして、素より武士道及び大和魂の容るゝ能はず所なり（以下省略）

答

昔日、武士は常に粗食を取り粗衣を着けたるも（中略）万一の用意として必ず身分相応の軍用金を準備し置きたり。是蓋し君に忠を尽し又武士たるの面目を保つ為め、（中略）今日に於ては世襲の食禄あるに非ざるが故に、君の為及び自己の面目を保つ為にも金銭は貴重せざる可らざるなり

問

武士道の如何なるものたる事及び之を修養する方法等の大略は、已に之を聴くを得たり（以下省略）

答

前にも申述べたる通り、武士道は忠君を以て精髄と為し、其面目を保つを以て骨子と為すものなるが故に、一身一家抔は決して眼中に措かざる筈なり。唯だ如何にすれば陛下の御信頼に応ずるを得べきか、又如何にすれば陛下の軍人たる面目を保つを得べきか、と心を砕くより外無きなり（以下省略）

『問答』は「一般人民にも武士道は必要」「武術と武士道修養との関係」「武士道を修養する時は宗教を信仰する必要」などの問答が繰り返されています。乃木の「答」は、すべてが合理的であり論理的です。さらに重要なことは、「精髄」とされる「忠君」の勤めより、「骨子」である「自己の面目を保つ」について細々と説明しています。「精髄」「骨子」共に一体不可分の関係にあり、「先ず君の御為めを考へ」ての行為以外に「次に武士の面目」を保つ方法がないとすれば、時間的な先後は考えられません。そうすると、乃木を貶めることではありませんが、『問答』で云う「忠君」は「自己の面目を保つ」行為であるとの論理が成り立ち、「自己を確立」しているとも云えます。

このような乃木の合理的な考えを際だたせている箇所を含む著書があります。先述した、服部他助の『恩師乃木院長』（前掲書）の第四章「乃木院長の寮内講義（明治四十二年一月十七日）」には、次のように記されています。

この朝は、院長が『中朝事実』の講義を始められてから、第四回目の講義があった。上巻第七六頁に「凡物聚未甞不有長以統焉也。鳥獣群。心有其先況其人乎」と云ふ言葉があつた。これに対し院長は云はれた。「人は皆各其の上長を尊重せねばならぬ。国家でも、社会でも、又此の寮舎でも同様であるが、団体となつて居る限りは、此の上長に服従すると云ふ事が無ければ、秩序安寧が保たれぬ。然し上にある者が何時も正しいとは定まつて居らぬ。然し『君雖不君。臣不可以不臣。父雖不父。子不可以不子』と云ふ通り、臣たる者が君に仕へ、子たる者が父に仕へるといふ事は、これ自然の理法であつて、これは云はゞ持つて生まれた義務である。何人に限らず人の人たる道を履むは、何も他人の為に履むのでなく、自己の人間たる本義に適はん為めである。即ち他人の為めでなく、実は己の真価を維持する為めである」と云ふ意味の事を、極度に精神の籠もつた低い声で、徐に話されたのを聴いて居る自分の脳は、一種云ふ可らざる熾烈なる感慨を以て満された。院長の其の言語に出して言はるゝ事は、其の脳中に隠れて口外されざる部分の、幾百分の一に過ぎざる事が明白に判る。院長の心の底には、万古不滅なる一種の烈火が燃えて居る。一度此の光焔に接触したる人の心は、其の根底から振蕩されずして、止む事が出来ぬ。

乃木は、学習院での寮内講義で、『忠孝』は『君』とか『父』とか他人の為にするのではない。『忠孝』を通して「『己の真価を維持するため』である。そのことが、真の目的である」と語ったのです。「己の真価を維持」したければ、「忠孝」に励めと、言い換えることができるのです。服部は、乃木の合理的な言葉に「一種云ふ可らざる熾烈なる感慨を以て満された」と書いています。

乃木の「自己を確立した」思考を敷衍していくと、明治天皇への「忠義のための殉死」以外の側面が隠されている、と考えることは可能となります。遺言条々にある「連隊旗喪失の責任」は広く世間に喧伝されていますが、まつりごと（政治）を乱す百官有司が跋扈する時代に移りゆくことに危機を抱いて「憤死」したとも考えられます。そのいずれの側面もあるでしょうが、編著者は「諫死」ではなかったかと考察します。乃木の行動（自刃）が諫とすれば、諫める内容と対象について明確にしなければなりませんが、これまで述べてきたことで推察していただく以外に術がありません。しかし、「諫死」は慷慨を体現するわが国の文化であることは断言できます。

乃木について忘れてはならないことは、山鹿素行および吉田松陰の軍学の継承者であり、その「姿」に生涯をかけて迫ろうとしていましたから、主君を諫める時、死を以て贖うことは理解していました。学習院院長という文官の立場だけで捉えると、序章で述べました「かたくなにみやびたるひと」であることを見失ってしまいます。しかも「みやびが敵を討つ」のです。断定することに躊躇しますが、これまで縷々《るる》述べてきたように、殉死前の行動から考察すれば、皇基を護るためには皇室およびその周辺から、敵である「えみし心」を払うことを決意していたと考えられないでしょうか。編著者の力量不足を恥じるばかりですが、これより先は読者諸兄姉のお考えに委ねたいと思います。

学習院長室に於ける正装の院長
明治四十一年一月八日撮影
（『乃木院長記念寫眞帖』より）

第六章　乃木神社創建へ

村野山人神社創建の決意

明治四十五年七月三十日　　明治天皇崩御
大正元年九月十三日　　御大葬　翌十四日、伏見桃山で埋柩の儀
　　〃　　　　　　　　乃木夫妻殉死

小林秀雄は、畢生の書『本居宣長』の冒頭で宣長の墓に植える山桜のことや、宣長が長男春庭、次男春村に宛てた細かな「遺言書」のことについて著しています。この「遺言書」を読むと宣長の死後観が窺えます。その中では「死後の霊魂が、善人も悪人も穢れた黄泉の国へ行くことはたいへん悲しいことだ。死は悲しいことで、神様の仕業であるから人間の力ではどうにもならない。死を悲しいことと受けとめることが大事である」と教えています。人の生死は、神の仕業であり逆らうべきではなく、悲しきものとして受容する以外にないという、神意に基づいた考えといえるでしょう。しかしながら宣長は、この世ですぐれた功績をあげた人々の強い霊魂はもちろん、一般の人々の霊魂も、ほどほどにこの世

に留まり「国を守る神」、「家の神」となって人々の幸福を支援する働きをする。つまり、死後の霊魂が神霊と同様の働きをすることを認めています。

かくて乃木夫妻の霊魂は「護国の神」となって、青山の墓所に鎮まります。

伏見桃山の乃木神社を創建したのは、旧薩摩藩士で神戸在住の実業家村野山人です。村野は、乃木神社を創建するにあたり、些細な『記録』（伏見桃山乃木神社所蔵）を残しており、この章では、その『記録』をもとに村野の功績を辿って行きたいと思います。

まず、村野の『乃木神社創設経過覚書』を記述し、創建経緯については編年体で述べていきますが、創建の道程は決して順風満帆とはいえず、村野は多忙を極め、想定外の困難と障壁・無理解が待ち受けていました。そのような情況があったにもかかわらず、村野の献身的な努力と情熱によって乃木神社が創建大成したことを酌み取っていただきたく思います。

大正元年九月十四日、明治天皇伏見桃山陵での埋柩の儀に参列した尽忠報国の魂を持つ村野は、乃木の殉死に揺り動かされる感動を覚え、乃木を顕彰せずにはおられない心境から、乃木大将の御神霊を祀る神社を創建する決意をします。その思いは同覚書の『緒言』に綴られています。

大正二年九月十三日、明治天皇御大葬一周年、即ち乃木大将夫妻、殉死の忌辰を以て乃木神社建立を発表してより、既に四年ならんとするに依り、世上其竣功の遅々たるを怪しむ人なしとせず、然るに老生は之が発表に先ち、予め神社地とすべき地域を選定せしも、愈々之に従事するに及びては宮内省との交渉には、紆余曲折を極め、僅かに大正三年九月十六日を以て、両者に一致点を認め、同四年一月三十一日に至り、漸く地所交換の議を決し、其契約成り、同二月十八日、双方立会の上、全く其交換を終りたれば、予て準備し置ける諸材料を以て地所交換より十日を経、即ち同年二月二十七日執行したる地鎮祭に続きて、直ちに工事に着手し、今や其大部分を成すに至れり。此間老生は一意急速に神社を建立せんとし多少の不平を犠牲としたりしが、今に於て既往を顧れば、無限の感慨なき能はず。茲に老生が乃木大将に私淑し、之を祀るに至れる動機と、之を大成するが為に神社の地域選定に尽くしたる経過を叙するは、一に多年の誤解を避けんが為にして、敢て他意あるに非ざれば、此印刷物を読まん人にして、老生の意中を諒とせらるれば幸甚。

大正五年三月　　　　　　　村野山人　誌

村野は、事業には恵まれていましたが子宝には縁が薄く、死後の財産を徒弟学校（現在の神戸村野工業高等学校）に提供することを、時の兵庫県知事服部一三と神戸市長鹿島房次郎に託していました。しかし、乃木夫妻が殉死した今、乃木夫妻の御神霊を祀る神社創建に躊躇している猶予はないとの思いから、死後の財産処分を生前に行うことを決心し、その準備に取り掛かります。村野は、神社創建に際し一切の寄付勧財を仰がず、一切自己の資財を以て費用の拠出を行い創建することにしました。

大正二年八月村野は、すでに御神霊の御霊代《みたましろ》となる「八稜神鏡」の鋳造に取り掛かっています。神鏡は純銀にして直径八寸八稜（約二十四㎝八角）で、背面には、

正大垂則《せいだいのりをたれ》　果鋭献身《かえいみをけんず》　義烈忠直《ぎれつちゅうちょく》　護國之神《ごこくのかみ》　斎主　村野山人　村野須美子

と刻したものでした。

村野は、乃木神社創建の発表を九月に行うことを決意し、その準備に奔走していましたが、神社の鎮座地を選定するために、友人の伊瀬知好成（乃木の嫁に静子夫人を推挙した人物、当時陸軍中将男爵）と旧友の桂彌一を神戸須磨の自宅に招き協議の上、伏見に赴き予定地を視察しています。村野には埋柩の儀に参列した折、密かに予定地の腹案がありました。

第一の候補地は、乃木が明治二年に伏見御親兵兵営に軍人として入営した縁故を有す、当時陸軍の伏見工兵隊営所となっていた土地。第二候補地は、かつて伏見桃山城下の徳川大納言上屋敷跡地。第三候補地は、桃山六地蔵道と奈良線の鉄道穹窪門西の三ヶ所でした。

大正二年九月十三日、乃木の一周年の忌日に乃木神社と村野徒弟学校の創建を発表すると同時に、従来関係していた四鉄道会社の重役をすべて辞して背水の陣を敷きます。それは、この日東京青山斎場に於いて、八稜神鏡の御霊代に御神霊を遷す神事を行っていることで見てとれます。この時の様子を、村野の『乃木大将夫妻神霊移鏡之記』より抜き書きしておきます。

嗚呼大正二年九月十三日ハ来レリ是日発起妻ト共ニ齋沐衣服ヲ更メ午前七時神鏡ヲ捧持シテ旅館ヲ發シ林屋ニ桂氏（桂彌一のこと）ヲ訪問シ相携テ青山齋場ニ至ルヤ玉木少佐正之（乃木弟正誼の子のこと）夫妻迎接シテ休憩所ニ案内セラル礼意極メテ慇懃ナリ

休憩少時余ハ大将ノ墓前ニ至リ神鏡ヲ奉備シ夫妻稽首シテ左ノ意味ノ奉告ヲ為シタリ

山人夫妻ハ公及令夫人ノ純忠貞烈ヲ欽慕スルノ餘リ獨力ヲ以テ地ヲ伏見桃山御陵近傍ニ相シ社殿ヲ造営シ以テ神霊ヲ奉安セントス仰キ願ハクハ神霊山人夫妻ノ微衷ヲ受納セラレ分體此神鏡ニ移リ玉ハンコトヲ敬白

大正二年九月十六日、神鏡を捧持して神戸に帰った村野は、須磨の自宅洋館にすでに設けてあった仮祭壇に神鏡を奉安し、遷座の日を待つことになります。

神社鎮座地確保の道程

大正二年九月十六日を過ぎ、村野はただちに京都府庁の大森鐘一知事を訪《おとな》い、計画を告げ理解を求めています。知事は快諾しますが、神社建立の場所を聞き「彼の地域は、茶園若しくは畑地と見ゆるも、其の多くは宮内省の御用地に属す。随って君の予定地なるものも、表面上より見れば民地の如けんも、恐らくは然らざるべし」と述べ、「片山東熊内匠頭《たくみのかみ》（内匠寮の長官、近代の内匠寮は「宮殿その他の建築物の保管、建築・土木・電気・庭苑および園芸に関する事務」を管掌する）を紹介するから、同氏に問い合わせよ」との助言を受けます。すでに、第一の候補地は陸軍省に問い合わせ「不可能」との回答があり断念していました。

さらに村野は、明治天皇陵の下にある内匠寮出張所で片山内匠頭から説明を受け、第二第三の候補地は元より付近一帯御料地であることを知らされます。同時に、明治天皇陵近傍の民有地としては、元伏見城の百軒長屋と御学問所の跡地があるのみであることや、御陵を少し離れた地所であれば適当な地があることも判明します。しかし村野は「乃木大将は、明治天皇に殉じ奉れる人なれば、是非共御陵付近に於て、其神社を建立し、以て後代に対し精神教育上、御陵と連鎖を保たしめざる可らず」との信念で、宮内省御料地一区の払い下げ、または借地ができないものかとの思いから、大森知事に労を煩わし宮内大臣渡辺千秋に懇願方を依頼します。

大正二年十一月七日、宮内大臣と協議した大森知事から連絡があり、村野は上京し東京に滞在中の知事と面談します。知事は「渡辺宮内大臣には、貴下の願意を致したるに、猶考え置くべしとの事なりしも、却々《なかなか》に難き様子なり。猶ほ川村宮内次官にも面会して話し置けるが、次官の口吻《こうふん》は却々に強硬なり。次官の語る所に拠れば、桃山の御用地に対し、他からも拝借を願出たる者あり。其は乃木大将の銅像を建てんとする者なりしに、（中略）然るに村野の請願も亦之と同様なり。故に許可の限りに非ず」と、懇願に対する結果を述べました。銅像建立不許可の理由づけで神社建立の計画をも却下しようとしていると感じた村野は、さらに執念の火玉を燃し、高輪の宮内大臣の邸に訪い、さらに青山南町の川村次官の邸にも赴き直談判を試みますが、空しいことに同様の回答しか返ってきませんでした。村野は、宮内省に対してこれ以上陳情しても無効であると悟ります。

しかし、村野には信念があります。幸いに、元伏見城の百軒長屋と御学問所跡地の民有地があることから、これを買収して神社を建立するか、買収地と御料地との交換を出願する以外に方法はないと決心し、土地買収に着手します。さすが鉄道事業を推進し成功を収めた村野ならではの着想といえます。

大正三年三月十六日、土地買収着手と同時に、用材（檜丸太・挽材・板・紅檜挽材）調達のため、台湾総督府阿里山作業所へ購入代金一万五千三円で檜材を発注します。この『発注書』には、すでに作図されていた『建物図面』に基づき、用材各々の寸法を指定していました。本殿は、湊川神社の本殿を摸した設計になっていました。注目すべきは、土地の確保が定まらぬこの時に用材の発注をしていることです。村野の並々ならぬ思いが伝わってきます。なお、この『図面』（本殿・拝殿・神門）は神社社務所が所蔵しています。

大正三年四月十日、昭憲皇太后が崩御になります。崩御は、紀伊郡長に委託して地主と土地買収の交渉中のことでした。そして、皇太后の御陵は、元伏見城の名古屋丸に御治定となりました。名古屋丸の前面はすべて百軒長屋に属し、この土地を通らなければ名古屋丸に進めないことから、百軒長屋の大部分は宮内省が買上げ、御料地となり、村野の計画は頓挫のやむなき事情に遭遇します。

そこで村野は、紀伊郡長・堀内村長の勧めと折衝により、御料地となった百軒長屋の残地、ならびに御学問所跡の土地を買収する方向で交渉します。

さらに「宮内省がこの地域も買収候補地として保留している意向がある。地主は即売なら命令に応じるが、単なる予約なら不承諾としてそのままになっている」と聞かされます。この土地は、交渉当初は坪約三円五十銭でしたが、この時は平均五円十銭に吊り上がりました。地目は一筆山林、残り十筆畑です。当時の貨幣価値は対象とするもので異なりますが、京都府の給与所得者の平均年収で概算すると、現在の一万分の一になるといいます。この時買収する土地は、現在でいう市街化調整区域の畑です。その畑が坪平均五万一千円という高額な土地価格になりました。しかし、後がない村野は、やむなくその条件でこの土地を買収することにしました。

大正三年五月十八日、京都府紀伊郡堀内村字百軒長屋二十八番外十筆合計三千二百六十

二坪、代償金一万七千三十円三十五銭にて『土地売買契約』が成立します。

しかしこの土地は、昭憲皇太后東陵に接近した土地であり、御陵下の広場に続く平坦の土地で高低がなく、御陵地と同一地域と見なされる土地でした。このため宮内省は、かねて官地と民地の境界に木柵を建て廻していました。これでは、例え神社を建立しても参拝者の通行を許されないばかりか、御陵に接近しすぎているので畏れ多いことだと村野は考えました。拠って、木柵撤去について宮内省と交渉することよりも、神社建立に適当な御料地と交換することを願い出ることにしました。

ところが、宮内省官吏の対応は「村野が、頻りに乃木神社を建設すべく熱中し居るも、此希望を、銅像位にせしめては如何、銅像とすれば、適当の位置も得らる丶ならん」との冷たいものでした。村野は「若し強いて買収の地をして神社たらしめば、柵の解放のみならず、却って堤防にても築きて、御陵地と隔絶せしめんとす。是れ乃木神社に参拝する者の為に、御陵参拝者を薄からしむる恐れあるを以てなり」と嘆き、その前途は益々暗澹たるものでした。

大正三年九月十三日、乃木大将二周年の忌辰に当たる日、村野は乃木夫妻の墓参と宮内省との折衝のため上京していました。この日の宮内省の対応は、いわゆる「木を以て鼻を括る」ような言辞で、ここに誌すのも躊躇するような酷い内容でした。宮内省の異常ともいえる態度は、乃木が当時の禁忌を破って伯爵家の絶家を遺言したことによる宮内省の嫌がらせとしか思わざるを得ないところがありました。

大正三年九月十五日、この日も朝から村野は、宮内省の官吏と折衝を続けます。官吏の「御用地買収に応ぜずして、強いて彼地に、乃木神社を設立せんと欲せば、已むを得ず該土地の境界には、胸壁を築き交通の途を絶つの外なし」との職権を逸脱した言葉に対し、村野は屈せず、冷静に法律論で反論します。「老生の買収地をして、御用地ならしめんとの御意見は、法律に拠る御収用なりしか、如何」。官吏は「否、法律には拠らず、協議的に買収したし云々」。この言葉に対し村野は「土地収用法に拠らるべき御必要の土地なれば、全部献納せんも、然らざれば、彼地所は自身が私事私利の為に所有すべき者に非らざれば、協議的ならば、断然御望に応じ難し」と言い切って、決然と宮内省を後にします。まさに乃木を髣髴《ほうふつ》させる言動です。ところが、宮内省を出た村野は神戸の協力者を訪問して、交渉過程を説明し午後三時頃旅館に帰ったところ、宮内省から三度も電話があったことを報されます。宮内省にとって返した村野は、午前中に折衝した官吏から急転直下、交換地の提案を受けます。「今朝の、貴下の請いに依り、省議を尽くしたるの結果、或る場所ならば、交換に応じても可なり」といい、図面を出して、鉛筆で記した地点を村野に示しました。村野は「実地を視察して確答すべし」と述べ、図面を借りて即夜帰西の途に就きます。いったい何があったのでしょうか。この原因について村野は手書に誌していませんが、村野が鉄道事業で培ってきた知識・経験そして熱意と誠意と信念、何より毅然とした態度が通じたと理解すべきでしょう。ただし、この提案には陥穽《かんせい》があることが後日判明します。

大正三年九月十六日朝、伏見に赴き、実地と図面を対照し、踏査の上自身が買収した土地と凡そ同面積であることを確認した村野は、ただちに『交換承諾答申書』を進達します。しかし十一月を過ぎても何ら示達がなく、村野は頻りにこれを促したところ、二ヶ月以上たった十二月一日になって、帝室林野管理局より「御料地交換の件に付き協議するから来庁せよ」との文書が送達されてきました。協議内容は、当初宮内省が示した土地と、実際に交換する土地の位置についての確認でした。帝室林野局が示した位置は、東御陵道からさらに南に奥まった土地であったのです。

大正三年十二月七日、村野は交換を控え「百軒長屋・学問所跡」の土地を村野山人名義で登記します。

大正三年十二月八日、村野は『土地交換願』を提出します。ところが、帝室林野管理局から交付される土地は、紀伊郡堀内村大字堀内小字板倉周防三十二番地の外六筆で、地目は一筆宅地がありましたが残りは畑で、さらに直線で囲まれ、分筆を前提とする土地でした。『交換承諾答申書』を進達してから日数を要したのは、交換面積の減殺を画策するためであったと考えられます。村野が提供する百軒長屋・学問所跡の土地の地目は一筆山林、残り十筆畑ですから、地目だけ見れば同面積で交換すべきですが、御料地の方が面積にして四百六十八坪少なかったのです。帝室林野管理局は、面積の差について「村野が買収の地面は、御陵に接すれども、伏見町とは隔たりたるに反し、交換の地所は伏見町に近きを以て地所の等級にも等差あれば、四百六十八坪の差は当然なり」と主張したのです。村野はこの主張に対し「買収地は眺望に富んでいるが、交換地は比較的に低地であり眺望など絶無ではないか」との思いがあったものの、そういった考えを腹に収め、村野の言葉を借りれば「専ら相手方を尊重して」黙従することにしました。

村野の本意は、「この土地は桃山六地蔵道（東御陵道）から奥に入り込んでいて、御陵の森が視界を遮り、東御陵道から神社が見えない」、さらに「神社予定地から御陵道への道は僅かに耕作に供するだけで、自己の費用で道路の改修が必要」「伏見町に近い御料地なら、桃山駅近くの桃山御陵参道の起点辺りの御料地の方が、御陵と神社の一体感があるではないか」というものであったと考えられます。村野の手書がありませんが、あながち編著者の藪睨《やぶにら》みともいえないでしょう。

大正四年一月二十五日、帝室林野管理局より土地交換にあたり『契約書及び登記承諾書』提出の指示があります。帝室林野管理局は、『土地交換願』で黙従した村野に対し、さらに不当な契約に応じるよう迫ります。帝室林野管理局が示した契約書第二条には「乙（村野）の甲（帝室林野管理局）に提供すべき土地は、現況の儘（立木其他一切を云う）之を提供し、甲の乙に提供すべき地上の立木は、交換以外の物件とし、相当代価に依り別に特売するものとす」と記載されていました。村野の所有する土地上には、柿・梅・桐・松その他樹木を合わせて三百七十三本の立木がありましたが、交換される御料地には、その十分の一に足りない立木しかありませんでした。しかも、村野所有の土地の立木は「地上物件現在の儘」つまり「土地と一体にて提供せよ」という一方で、御料地の立木は「一本一本価格を徴する」という不平等な内容でした。村野はこのような官吏の邪な横暴に対し、抗争することもでき得たでしょうが、また空しく月日が経過し、神社建設が遅れるだけであることから、これまた黙従することを決したのです。村野は後年「聖明の宮廷を我物顔に振舞はんとするに至ては、慨嘆に堪ざる也」と、本心を吐露しています。

大正四年二月十八日、紀伊郡堀内村大字堀内字板倉周防三十二番地二外六筆二千七百九十二坪の土地交換を終え、村野はいよいよ念願の神社建立に向け工事に着手します。乃木殉死から十年の後に発表された手書には、村野が、兵庫県の鉄道事業の鉄道敷設に関与した際、鉄路が須磨御料地の一部を通過するため、その認諾を宮内省に求めたところ、宮内省はいたずらに認可を先延ばしし、公益に悪影響があったこと、それに反し一私人の御料地の無権原占有という専横を許したことを例に次のように述べています。

「さしも難関なりし宮内省との交渉も、其局を結び、老生の素志、稍《やや》達したる今日に於て、漫《みだり》に既往を咎むるは、不本意ながら、熟々《つくづく》、宮内省の取扱振りを見ると、人に依て表裏ある者の如きは、大に遺憾とする所なり。(中略)是或は、公請に厳にして、私託に寛なるが為か。今や老生の之を言ふも、決して私忿を洩すが為に非ず。聖代の事は、公平無私、坦々たるべきを冀望《きぼう》する者にして、云々」。

「地鎮祭」から「正遷座祭」へ

大正四年二月二十七日、地鎮祭斎行。斎主は真幡寸神社(現在の城南宮)社司鳥羽重晴でした。同日村野は、『神社創立願』を内務省に提出します。

願書には「乃木希典及ビ夫人靜子ノ終始セル尽忠報国ノ動作ハ実ニ国家ノ前途ニ対シ深刻ナル国民感化ノ印象ヲ与ヘタル」「護国鎮守ノ神トシテ日露戦役ニ際シ国難ニ殉死セシ勝典保典ノ二子ヲ配祀シ乃木神社ト号シ伯夫妻カ先帝ノ大喪ニ会シ殉死セン（傍点は編著者による）」と、認められていました。しかし、後述するように、傍点部分は内務省の指示で削除されてしまいます。

大正四年三月三十一日、台北本金庫へ台湾総督府歳入金として、用材購入代金一万四千五百六十四円八十七銭を送金します。

大正四年六月、内務省より『神社創立願書』に対する訂正事項指示があります。

　第一項　願書ハ乃木大将一人ヲ祭神トシ夫人ハ境内神社トシテ他日手続ヲナスコト

（第二項は拝殿への敷石道の延長について、第三項は社守及び神官役宅の位置について変更指示）

あろうことか、乃木に順い共に殉じた「かたくなにみやびたるひと」靜子夫人の御神霊を、本殿に祀ることは許されず、勝典保典二子の配祀も認められなかったのです。

これにより、先に傍点を附した箇所を、願書の原文から削除したため、乃木神社に遺る『創立沿革綴』は違和感を覚えるものとなっています。

さらに、願書に添付した由緒書から、夫人と二子の事績は全文削除されています。幸い、先人が原書を遺していましたから、内務省が行った指示の軌跡を知ることができます。

大正四年六月十八日、『溝渠築造及土地一時掘鑿ノ儀』について、帝室林野管理局京都事務所に願出書を提出し、先述したように御陵道と神社敷地を結ぶ参道および周辺、特に御料地との境界の溝渠工事の準備に掛かります

大正四年七月一日、交換地の登記を済ませます。

大正四年七月二十七日、『溝渠築造及土地一時掘鑿ノ儀』について、帝室林野管理局京都事務所より条件付きにて許可があり、村野は条件に対し請書を提出し工事に着手します。条件とは「速やかに請書を提出すること」「境界は京都事務所の官吏の指示に従うこと」です。

請書の内容は「石垣は竣功と同時に無償で帝室林野管理局京都事務所の所有に帰す」「将来の修繕は村野が負担する」「他日、京都事務所の都合で、どの様に処分されても異存は

ない」となっていました。当該石垣は、後年境界確定の折、神社に帰属することになりますが、宮内省の出先機関が民間人の不動産を公然と侵奪しようとしたのです。陽に皇室を尊ぶことを唱道しながら、陰に因循姑息な言を為し皇室を貶める。乃木はいいます「忠君は、自己の面目を保つを以て骨子と為す」「己の真価を維持するためである」と。

大正四年八月十日、『溝渠築造及土地一時掘鑿届』提出。

大正四年九月十三日、青山の乃木家墓前で親族が集まり三年祭が斎行されていました。その当日に、乃木の旧藩主毛利子爵家の次男毛利元智に、乃木家家名再興の思し召しにより、伯爵が授けられました。

乃木は、『遺言条々』の第二で「養子ノ弊害ハ古来ノ議論有（養子をとることの弊害は古くから謂われており）……天理ニ背キタル事ハ致ス間敷キ（天理に背くことはするべきでありません）……新坂邸ハ其為メ区又ハ市ニ寄付シ可然方法願度（新坂の家は赤坂区又は東京市に寄付するようお願いします）」

末尾では「伯爵乃木家ハ靜子生存中ハ名義可有之候得共呉々モ断絶ノ目的ヲ遂ケ候儀度大切ナリ（乃木伯爵家は、靜子生存中は存続させて構いませんが、断絶させるという目的を遂げることが重要です）」と、遺していたのです。乃木邸は大正二年三月一日東京市に引き渡されます。そして、大正二年四月二十九日裁判所の許可を得て絶家となります。また、三年以内に家督相続の届出をしない時は襲爵《しゅうしゃく》できないという華族令規定により、大正四年九月十二日、爵位も喪失します。乃木の遺志の一部は実現したのですが、翌十三日には先述したように乃木家が再興されたのです。由々しきことは、乃木家再興に際し為政者は、親族代表の甥である陸軍少佐玉木正之に対し、祖先祭祀のための神霊と家系図などを、元智に引き渡すよう求めたのです。なお昭和九年、元智の廃家に伴い、これら一切は玉木家に返還されています。

大正四年十一月二日内務大臣より、設立出願者村野山人外五十八名（この中に、桂彌一、芦原甫の名もある）に対し『神社創立許可書』が交付されます。『神社創立願』を内務省に提出した時の『神社明細書』は次のような内容でした。

明細書

京都府山城国紀伊郡堀ノ内村字板倉周防（桃山ノ内）三十二番地ノ二外六筆

無格社　乃木神社

一祭神

故陸軍大将従二位勲一等功一級伯爵　乃木希典
同夫人　乃木静子
配　祀
故陸軍大将伯爵乃木希典長男陸軍歩兵中尉乃木勝典
同　二男陸軍歩兵少尉乃木保典
（編著者註、傍点は朱を入れ削除された箇所です。）

一由緒（以下省略）

大正四年十二月六日、建設に対する注意事項に関し、紀伊郡役所に『上申書』を提出します。

大正五年三月九日、参拝道路拡張のため帝室林野局へ『借地願』を提出。

大正五年三月十九日、上棟祭斎行　斎主　真幡寸神社社司　鳥羽重晴。

村野は上棟祭にあたり、三月十日に第十六師団、京都府庁始め二百五十名に案内状を送付しています。

大正五年三月二十日、紀伊郡役所達一号を以て大正四年十二月六日『上申書』に関し承認せられたる旨通達あり。

大正五年五月十一日、参拝道拡張の為『借地願』の件について帝室林野局から許可があり、『請書』を提出。

大正五年八月二日、『石鳥居建設願』を帝室林野局京都事務所長宛提出。

大正五年八月三十日、『崇敬者総代届』を提出。

大正五年九月一日、村野山人より乃木神社が土地寄付を受け登記する。

大正五年九月一日、正遷座祭招待状約九百通を各方面に発送する。

大正五年九月四日、門祭斎行。斎主　乃木神社社掌　可兒鶴二。

遷座祭奉告祭斎行。於村野山人洋館樓上仮祭壇。

その後御霊代を湊川神社社務所仮殿に遷し奉安する。

奉安奉告祭斎行。斎主　湊川神社宮司　上月爲陰。

大正五年九月六日、湊川神社社務所仮殿にて出御祭斎行。

斎主　湊川神社宮司　上月爲陰。

御霊代を乃木神社記念館内仮殿に遷し奉安す。
仮殿遷座祭斎行。斎主　乃木神社社掌　可兒鶴二。
大正五年九月九日、新殿祭斎行。
大正五年九月十二日、午後八時より本殿正遷座祭斎行。
大正五年九月十三日、午前十時、正遷座祝祭斎行。

村野は、乃木神社の創立を発心してから漸く正遷座祭を迎えるまで、今まで述べてきたように実に満五年の歳月を、苦心惨憺の裡に過ごされました。大概の者なら、計画を棒に振り泣き寝入りに終わっていたことでしょう。村野は、耐え難き圧迫というべき言葉なき困難に打ち勝ち、ついに乃木神社の創立に至ったのです。この日、御神前で奏上した山人の祝詞の全文を一部新字体にして記しておきます。

維時《ことし》大正五年九月十三日、至心齋邀《さいそく》シテ、粛シテ乃木神社遷宮ノ式ヲ挙ク、欣幸何者カ之ニ如カンヤ。回顧スレハ、四周年ノ前曠世ノ英主
明治天皇ノ崩御シ給フヤ、将軍自刃シテ殉シ給ヒ、夫人亦之ニ従ヒ、一世ノ懦気《だき》ヲ覚シテ報国ノ赤誠ヲ顕ハシ万代高風ヲ示シテ国体ノ精華ヲ耀カス清節ノ状人皆既ニ

知悉スト雖モ頌徳ノ義尚未タ足レリトセス。当時霊轜ノ進御ヲ桃山ニ拝シテ胸裡密ニ決スル所アリ。自ラ謂《おも》ヘラク、斯ノ森厳ナル御陵ニ附傍シテ、乃木神社ノ殿宇営造シ、一ハ以テ将軍ノ英霊ヲ慰藉シ、一ハ以テ世道人心感孚ノ標的ト為ス事ヲ得ハ、適々国恩ノ万一ニ酬イ、祖先遺訓ノ意ヲ達スル事ヲ得ント。遂ニ大正二年九月十三日、将軍殉死ノ朞月ヲ以テ、之ヲ天下ニ公表シ、爾来歳余、諸多ノ曲折ヲ経テ、地域ヲ選定シ、創設材料ノ準備ニ着手セリ。越テ同四年二月二十七日、西南役将軍苦戦ノ記念日ヲ以テ地鎮祭ヲ執行シ、続テ日夜之カ本工事ヲ督励シ、終ニ上棟祭ヲ挙クル吉日ヲ選ヒ、即チ本年三月十九日ニ式ヲ行フ。爾後工程ハ漸ク進ンテ八月ニ至リ、本殿、拝殿、宝庫、神門、其他記念物ノ配置等、計画ノ大要、竣功ヲ告クルヲ以テ、特ニ本月本日ヲ選ヒ、恭ク遷宮ノ儀典ヲ挙ク。抑モ事ノ運ンテ今日ノ盛典ヲ挙クル至レルハ、固ヨリ将軍英霊ノ盛徳ニ由ルト雖モ、又四方有力ナル諸公、多大ノ声援ヲ賜ラスンハアラス、今ヤ微衷貫徹シテ、神殿ヲ始メ諸般ノ施設方ニ成レリ。尚《こいねがわ》クハ将軍ノ神霊平ケク安ラケク爰ニ鎮マリ座シテ、長久ニ伏見桃山御陵、同東御陵ノ下ニ奉侍シ、無窮ノ皇運ヲ守護シ、国利民福ノ増進ヲ扶翼シ給ハン事ヲ村野山人敬シテ白ス。

大正七年九月十三日、『静魂神社創立願』を内務大臣宛提出します。

前述したように、当初提出した『神社創立願書』に対する内務省からの訂正事項指示「夫人ハ境内神社トシテ他日手続ヲナスコト」を受け、本殿に合祀が叶わなかった静子夫人の御神霊を祀る『静魂神社創立願』をこの日に提出します。神社明細書の由緒には「資性温順質素にして克く伯に仕へ邉幅飾らず（中略）其言行常に女子の亀鑑たり」と誌されていました。また、建設予算は総額金一万円とし、村野山人が独力寄付することになっていました。

大正七年十月四日、静魂神社創立の件が許可せられます。

大正七年十一月十三日、静魂神社敷地地鎮祭斎行。

大正八年五月二十八日、静魂神社上棟祭斎行。

大正八年七月十一日、静魂神社清祓・新殿祭斎行。

大正八年七月十二日、静魂神社遷宮式祭が斎行されます。

当日、神霊と共に鎮め奉りし魂鏡がありました。この鏡は、明治十一年八月二十七日静子夫人が、乃木希典に嫁してきた時携えていた大小の鏡二面のうちの小鏡一面で、玉木正之より特志寄贈を受けた鏡でした。大の鏡は大正五年四月十三日に創立された那須乃木神社に鎮め奉られています。すなわち、那須乃木神社には当初から靜子夫人は祀られたのです。

ところで、靜魂神社創立当時の写真が残っています。それを覧ると、御祭神に相応しい飾り気のない白木の拝殿が写っています。玉垣には村野須美子を始めご婦人方百十名の名が刻まれ、靜子夫人への敬慕の念が伝わってきますが、現在この拝殿は増築の上朱色で塗られ、社名も「山城ゑびす神社」となって、創立当時の面影を見ることはできません。いつ「山城ゑびす神社」としたか記録がなく判然としませんが、後述するように府社に列せられた後のことです。しかも、靜子夫人の御神霊と七福神を合祀していたのです。今は、地域の「ゑびす神社」として親しまれていますから、社名はそのままにしていますが、靜子夫人の御神霊は、御本殿にお遷《うつ》りいただき、夫乃木大将と御一緒に御鎮まりになっています。

靜子夫人が乃木との結婚後、姑壽子との悩みより出発して、立派に婦人の全期を完成された事績は、女子の範を示すに足るものでした。乃木および乃木家の名誉は、靜子夫人の家族らに対する心尽くしに端を発し、乃木の功績も、姑の満足した生涯も、両典名誉の戦死も、最後の殉死も、みな靜子夫人の努力に与るところが極めて大であるといえましょう。まさに、乃木の崇高偉大な全人格の一半は、靜子夫人の貞節の発露に俟《ま》つといっても決して過言ではありません。

この年の十一月二十七日、靜子夫人の生誕地、鹿児島市新屋敷町甲突川河畔に、村野山人・須美子により靜子夫人の銅像が建立され、除幕式が執行されています。銅像は袿袴姿座像です。村野はこの袿袴姿について、乃木が台湾総督を拝命し夫妻で宮中に参内した時の写真を参考にしたことを述べた上、次のように語っています。「之は昔なら緋の袴で朝廷に仕へる姿で御座いませう。即ち如何に貧しき家に生まれても、其志に依つては雲上の宮人ともなることが出来るといふ教訓の意味を示した」と（『母としての乃木靜子夫人』関西鹿児島縣人會編纂、昭和三年）。

村野は銅像除幕式に臨み、次の歌を詠んでいます。

香ぐはしき橘姫に似し人の生まれし跡を千代に残さむ

橘姫とは、倭建《やまとたける》命の后、弟橘比賣《おとたちばなひめ》命のことです。倭建命は、東征の際相模から上総へ渡ろうとした折り、走水《はしりみず》で海神の怒りによる暴風雨に遭い、船は危険に陥りますが、弟橘比賣命は倭建命の身代わりとなって海に飛び込み、危難を救われます。この時后の詠まれ

た御歌が、

さねさし相模《さがむ》の小野に燃ゆる火の火中《ほなか》に立ちて問ひし君はも

武人であり詩人でもある乃木希典が倭建命とすれば、静子夫人は弟橘比賣命と擬えるに相応しい人だと村野は認識していたのです。

なお、走水の海辺には現在走水神社があり、明治四十二年に乃木も発起人の一人となって、弟橘比賣命の御歌が刻まれた記念碑を建立しています。その時の様子を、乃木は上村彦之丞に宛て書状を認め、上村は走水神社の風景画を描いています。この絵画は、現在当神社宝物館に所蔵しています。

大正九年十二月、村野山人『稟議（遺書）』（伏見桃山乃木神社所蔵、非公開）を認めます。稟議の末尾には、乃木神社社掌、行政関係者、崇敬者総代七名が同意する旨の署名があります。稟議の概要は「此神社は永久に無格社たるべし、十万円を積立修繕費に充つべし、此積立金は政府より如何なる命令あるとも使用するを許さず、万一其積立金を以て修繕をなし能はざる場合は、之を全国の義人に訴ふべし、天下に一人の之に応ずる者なくば、神霊は那須野に奉還し、建物は全部焼払ふべし、云々」文章の件《くだり》は過激な言葉で綴られています。

この稟議の本意は、木強者《ぼっけもの》（薩摩の方言で大胆な人）である村野が、乃木神社を護持する者への戒めと、崇敬者が少なくなり乃木神社が経済的に窮することは、乃木の精神「かたくなにみやびたるひと」が空っぽになった日本になるとの危惧を抱いたからに違いありません。

大正十年一月十三日、村野山人帰幽

あとがき

「此神社は永久に無格社たるべし」という村野が遺した稟議に叛して、大正十二年七月二十五日『乃木神社社格昇格願』が提出されます。

創建した村野の遺志を没却し、内務省に働きかけ府社に列せられる願が提出されました。戦前、官国幣社以外の神社は、府県社以下の「民社」とされ、府県社では宮司のことを社司、それ以下の村社・郷社・無格社は社掌と称していました。乃木神社の近傍には府社が三社あり、赤坂の乃木神社は東京府社に列せられることが予定されていました。それでも、御祭神を仰ぎ村野の遺志を尊ぶなら、社格なぞ関係ありません。無格社のままで良かったのです。社格で神社の価値があるかのように錯覚するから、現在の別表神社（旧官国幣社を中心とする大規模神社）の宮司以下神職の傲慢《ごうまん》と、収益を図る目的での本殿見学に繫がっているのです。

「序章」で紹介した元神宮少宮司の幡掛正浩は、『乃木将軍を祀るこころ』（前掲書）で次のように語っています。

「皇室の民主化」などというが、少し考えると、冗談のようなことばかりと言ってよい。民衆が、かぎりなく、なつかしく、皇室をお慕い申上げるのは、皇室が限りなく崇高な出自と、歴史と、精神とを、今の現にもち伝えておられるからであって、菊花の場所を吊革電車に切り換えられたが故ではない。

同様なことは、或種の神社についても言える。それは限りなく、けだかいが故に、その、はるけく幽けきあたりに、何事のおわしますかは知らねど涙こぼるるのであって、写真の撮影を中程までに解放したが故ではない、後者の方向へ、どんどん「民主化」して行ったら、その極限は、御神体の公開というところに行きつくであろう。

平成二十八年八月八日、今上陛下の「おことば」が異例の形式で発表されました。その二ヶ月後、乃木神社護持について、神社界の重鎮と話す機会があった時のことです。その方は開口一番「今、乃木さんがおられたら、皇室のことをどう思われるだろうか」という趣旨の言葉を仰いました。夏に、今上陛下のおことばがあった直後であり、返す言葉を飲み込んだのを覚えています。

今、乃木希典がおられたら、その立場にも拠るでしょうが、一部の皇族方には「お諫め」をしたかもしれません。残念なことに今の世には、乃木希典や白鳥庫吉、杉浦重剛などのように、かつて身命を賭して皇子皇孫の御養育を為した教育者がいないという現実が大変大きな問題です。

さらに深刻な問題は、戦前の華族・軍人に代わって皇室の藩屏として、皇室をお守りし、伝統に即した環境づくりを、誠心誠意心掛けなければならない神社界が、不祥事に塗れる事態を頻繁に起こしていることです。華族・軍人の堕落は、乃木が最も憂慮していたことでした。それらの代わりに藩屏となるべき神職が同じ道を辿りつつあります。

神社に奉仕する神職・役員は、国を護ることと同時に、常に御祭神が「どう思われるか」を言動の規範としなければなりません。「はじめに」で葦津珍彦の言葉を紹介しましたが、厳しい言葉です。

本書では、毀誉褒貶《きよほうへん》のある乃木希典の姿を正確に描き出し、その実相を観ることで、道義国家回復への道しるべを探る目的で論じてきました。葦津の言葉を裏返せば、逆に「乃木さんの実相を明らかにする、特に名誉回復を図ることを、ご本人である御祭神は望んでおられるのか」という疑念が生じないわけではありません。葦津は、「乃木大将の神徳を高揚させる事だけではだめだ」と述べています。「この混迷する世にあって、乃木将軍の国体観を充分に勉強しなおし、今この世に御祭神が在ますならば、何と考えるであろうか。どのような行動をとられるだろうか」というところに焦点を当て、さらに具体的な国のあるべき姿を示す課題が残ります。

本書を繙かれた方々が、御祭神乃木希典・静子夫人への崇敬の念を喚起され、同憂の諸氏を慕ってこの課題解決のため、私どもと共に寄与いただけることを願っています。

また、出版にあたり展転社の藤本隆之社長のご快諾を得られたこと、洵に有難いことです。

追　録　論壇の雄の論考を紹介する

論壇の雄の論考を紹介します。

福田恆存『乃木將軍と旅順攻略戰』「乃木將軍と旅順攻略戰」（『福田恆存全集　第六巻』文藝春秋、平成七年第三刷）より

私が司馬遼太郎氏の「殉死」や福岡徹氏の「軍神」に疑問を感じ、乃木將軍擁護論を書く氣になつたのが、決して單なる思ひ附きでない事は諒解して頂けよう。尤も司馬氏の「殉死」だけだつたなら、これを書く氣にならなかつたかも知れない。（中略）福岡氏の「軍神」は論外である。氏は市販に先立ち「『軍神』拝呈に際して」といふ小冊子を附し同著を配つてゐるが、その中にかう書いてゐる。（中略）

自ら言つてゐる樣に、これは正に「極めて單純な理由」である。父親に對する怨み、ファーザー・コムプレクスにほかならない。それが福岡氏をして「軍神」を書かしめた衝動である。しかもこの作品にはそれが八つ當り式に出てをり父親憎しが乃木憎しとなつて現れる。（中略）

ところで、将軍は福岡氏の言ふ如く、一つ一つの戰略について見る時、果たして愚將であつたか、また、司馬氏の言ふ如く「乃木ほど軍人の才能の乏しい男もめづらしい」人物であつたか。勿論、私も將軍を智將とは思はない。確かに兒玉大將の方が智將の名に値する軍人であつたろう。が、旅順攻略戰について私の調べた限り、將軍を愚將と呼ぶ事は出来ない。（中略）

それよりも問題なのは、二十八糎砲に對する陸大教官の認識である。命中率が悪いと言はれたこの砲は現地において適確な命中率を示し、第三軍の二度に亙る追加要求で、最初六門しか送らなかつたものが、最後の第三回總攻撃の時には十八門になつてゐる。二十八糎砲が、最初なぜこの様に輕んぜられたのか。それは開戰までの日本には全くと言つてよいほど、攻城法研究が行はれてゐなかつたからである。（中略）

司馬、福岡兩氏はメッケルが兒玉將軍の才能を頻りに稍揚してゐた事を強調し、それに較べて乃木將軍の無能を強調してゐるが、右の引用に明らかな様にメッケルは野戰の大家なのである。そのメッケルにかはいがられた兒玉將軍と雖も攻城法においては、果たしてどれほどの成果を擧げ得たかは解らない。二〇三高地は兒玉將軍が落したのではないかといふ反問に對しては後で答へる。とにかく、日本軍中、要塞攻撃の専門家が一人もゐなかつたといふのは事實だつたと思はれる。第三軍司令官を振り當てられた乃木將軍を悲運の人と呼んでも、あながち間違つてはゐまい。もし將軍がそれほどに愚將であるなら、さういふ人間を第三軍の司令官に任じた大本營、それを認めた滿洲軍總司令部の大山巖總司令官、兒玉總參謀長に責めは歸せられなければなるまい。

しかし、最大の失敗は、日露開戰時における旅順輕視といふ事であつた。（中略）

以上のように大本營と總司令部との間に意見の相違があり、兩者共に確信が無かつたといふ觀點から見れば、兒玉總參謀長南下の目的は「頑迷、無能」な第三軍の司令官である乃木將軍から指揮權を奪ふ事であり、それによつて二〇三高地は難無く陷落したといふ「兒玉大將＝鞍馬天狗」說はいささか眉唾ものになつて來る。私は兒玉大將が智將であつた事を否定しようとするものではない。兒玉大將が旅順に來て第三軍の作戰に參加する事によつて、二〇三高地の陷落は少なくとも一日は早まつたであらう。が、第三軍司令部の計畫通りにやつても、いづれは二〇三高地は落ちたらうし、或は後述する樣に、もつと早く落ちたかも知れず、いづれにせよ、爾後の作戰に支障は來さなかつたのである。（中略）

近頃、小說の形を借りた歷史讀物が流行し、それが俗受けしてゐる樣だが、それらはすべて今日の目から見た結果論であるばかりでなく、善惡黑白を一方的に斷定してゐるものが多い。が、これほど危險な事は無い。歷史家が最も自戒せねばならぬ事は過去に對する現在の優位である。吾吾は二つの道を同時に辿る事は出來ない。とすれば、現在に集中する一本の道を現在から見透かし、ああすれば良かつた、かうすれば良かつたと論じる位、愚かな事は無い。殊に戰史ともなれば、人ゝはとかくさういう誘惑に驅られる。事實、何人かの人間には容易な勝利の道が見えてゐたかも知れぬ。が、それも結果の目から見ての事である。日本海大海戰におけるT字戰法も失敗すれば東郷元帥、秋山参謀愚將論になるであらう。が、當事者はすべて博打をうつてゐたのである。丁と出るか半と出るか一寸先は闇であつた。それを現在の「見える目」で裁いてはならぬ。歴史家は當事者と同じ「見えぬ目」を先づ持たねばならない。

そればかりではない、なるほど歴史には因果關係がある。が、人間がその因果の全貌を捉へる事は遂に出來ない。歴史に附合へば附合ふほど、首尾一貫した因果の直線は曖昧薄弱になり、遂には崩壊し去る。そして吾ゝの目の前に残されたのは點の連續であり、その間を結び附ける線を設定する事が不可能になる。しかも、點と點とは互いに孤立し矛盾して相容れぬものとなるであろう。が、歴史家はこの殆ど無意味な點の羅列にまで迫らなければならぬ。その時、時間はずしりと音を立てて流れ、運命の重みが吾ゝに感じられるであらう。合鍵を以て矛盾を解決した歴史といふものにほとほと愛想を盡かしてゐる私が、戰史には全く素人の身でありながら、司馬、福岡兩氏の餘りにも筋道だつた旅順攻略戰史に一言文句を附けざるを得なくなつた所以である。勿論、讀者がさういうものを一種の娯樂として讀める程度にまで成熟してゐれば問題は無い。が、戰後の歷史輕視の結果、人ゝは「正史」を知らず、また歷史の讀み方も知らない。その反動として歷史讀物や歷史を扱つたテレビ映畫絀り附きその渇きを癒そうとしてゐる。歷史家のみならず、歷史小說家もその點をよほど愼重に考へねばならぬであろう。

小林秀雄『歴史と文学』（『小林秀雄全作品13　歴史と文学』新潮社、平成二十二年二刷）より

先日、スタンレイ・ウオッシュバアンという人が乃木将軍に就いて書いた本を読みました。大正十三年に翻訳された極く古ぼけた本です。僕は、偶然の事から、知人に薦められて読んだのですが、非常に面白かった。スタンレイ・ウオッシュバアンという人は、日露戦争当時の、「シカゴ・ニュース」の従軍記者で、旅順攻囲戦の陣中で、乃木将軍に接し、この非凡な人間に深く動かされるところがあったのですが、乃木将軍自刃の報が、アメリカに達した時、この事件が、アメリカの国民の間で、実にわけの解らぬ事件とされているのを見て、憤り、一気呵成に、この本を書き上げたのだそうです。思い出話で纏まった伝記ではないのですが、乃木将軍という人間の面目は躍如と描かれているという風に僕は感じました。乃木将軍に就いて書かれた伝記の類も、沢山あるだろうと思われるが、この本

の様に、人間が生き生きと描き出されているものは、先ず少なかろうと思った。

それで、直ぐ思い出したのですが、芥川龍之介にも、乃木将軍を描いた「将軍」という作がある。これも、やはり大正十年頃発表され、当時なかなか評判を呼んだ作で、僕は、学生時代に読んで、大変面白かった記憶があります。今度、序でにそれを読み返してみたのだが、何の興味も起らなかった。どうして、こんなものが出来上がって了ったのか、又どうして二十年前の自分には、こういうものが面白く思われたのか、僕は、そんな事を、あれこれと考えました。

「将軍」の作者が、この作を書いた気持ちは、まあ簡単ではないと察せられますが、世人の考えている英雄乃木というものに対し、人間乃木を描いて抗議したいという気持ちは、明らかで、この考えは、作中、露骨に顔を出している。世人は取りのぼせて英雄と考えているが、冷静に観察すれば、英雄も亦凡夫に過ぎない、という考えから、敵の間諜を処刑する時の、乃木将軍のモノマニア染みた残忍な眼だとか、陣中の余興芝居で、ピストル強盗の愚劇に感動して、涙を流す場面だとかを描いているわけだが、この種の解剖は、つまる処、乃木将軍の目方は何貫目あったか、という風な事を詮議するのと大して変わりない性質の仕事だから、そいう事に、作者が技巧を凝らせば凝らすほど、作者の意に反して乃木将軍のポンチ絵の様なものが出来上る。最後に、これもポンチ絵染みた文学青年が登場しまして、こんな意味の事を言う、将軍の自殺した気持ちは、僕等新しい時代の者にもわからぬ事はない、併し、自殺する前に記念の写真を撮ったという様な事は、何の事かわからない。自分の友人も先日自殺したが、記念撮影をする余裕なぞありませんでしたよ。作者にしてみれば、これはまあ辛辣な皮肉とでもいう積もりなのでありましょう。

ウオッシュバアンの本は、簡単な思い出話で、殊更に観察眼を働かせたという風なものではないのですが、乃木将軍のモノマニア染みた眼付も、子供の様な単純さも、見逃しているわけではない。地図を按じたり、部下に命令したりする時の、将軍の鉄仮面の様な顔は、詩を讃められた様な時には、まるでポンチ人形の様に嬉しそうな顔になると書いている。ただ、芥川龍之介の作品とまるで違っている点は、乃木将軍という異常な精神力を持った人間が演じねばならなかった異常な悲劇というものを洞察し、この洞察の上にたって凡ての事柄を見ているという点です。この事を忘れて、乃木将軍の人間性などというものを弄くり廻してはいないのであります。（中略）

歴史という不思議なからくりは、まるで狙いでも付ける様に、異常な人物を選び、異常な試練を課す様です。こういう試練に堪えた人が、そこいらの文学青年並みに、切羽つまって自殺するという様な事では、話が全くわからなくなります。僕は乃木将軍という人は、内村鑑三などと同じ性質の、明治が生んだ一番純粋な痛烈な理想家の典型だと思っていま

すが、彼の伝記を読んだ人は、誰でも知っている通り、少なくとも植木口の戦以後の彼の生涯は、死処を求めるという一念を離れた事はなかった。そういう人にとって、自殺とは、大願の成就に他ならず、記念撮影は疎か、何をする余裕だって、いくらでもあったのである。余裕のない方が、人間らしいなどというのは、まことに不思議な考え方である。これが、過去の一作家の趣味に止まるならば問題はない。僕が今ここで問題だと言うのは、こういう考え方が、先ず思い付きとして文学のうちに現れ、それが次第に人々の心に沁み拡り、もはやそういう考えを持っているという事なぞまるで意識しないでも済む様な、一種の心理地帯が、世間に拡がって了ったという事であります。（中略）

歴史は、眼をうつろにしていさえすれば、誰にでも見はるかす事が出来る、平均にならされ、整然と区別《けじめ》のついた平野の様なものではない。僕等がこちらから出向いて登らねばならぬ道もない山であります。手前の低い山にさえ登れない人には、向うにある雪を冠った山の姿は見えて来ない、そういうものである。天稟の詩人の直覚力を持たぬ人は、常に努力して己れの鏡を磨かなければ、本当の姿は決して見えて来ない、そういうものであります。だからこそ、歴史は古典であり、鏡なのである。

僕は、日本人の書いた歴史のうちで、「神皇正統記」が一番立派な歴史だと思っています。親房という人は、非常な熱血漢であった。結城親朝に送った烈しい文書などを読んでみると、彼の激情がどの様なものだったかがよくわかる。「神皇正統記」という沈着無類な文章も、それと同じ時に、同じ小田城や関城の陣中で書かれた。その事にしっかり心を留めないと、後醍醐天皇の崩御は申すに及ばず、愛児顕家の戦死の事実も、「心に一物を貯へず」という筆致で描き出した立派さが、よく合点がいかないのであります。親房は、書中、心の鏡を磨く必要を繰り返し言っております。悟性を磨く事ではない、心性を磨く事です。そして「心性明らかならば、慈悲決断は其中に有り」と言っています。いかにもそういうものでありましょう。この親房の信じた根本の史観は、今もなお動かぬ、動いてはならぬ。その上を、どんなに移ろい易い様々な史観が移ろい行こうとも、その動かぬ処にこそ、歴史の伝承というものの秘義があるのであって、これは歴史変化の理論の与り知らぬところなのであります。

保田與重郎『明治の精神』（『戴冠詩人の御一人者』保田與重郎文庫3・新学社、平成二十二年二刷）より

明治の精神は云はゞ日清日露の二役を國民獨立戰争と考へた精神である。彼らは日本を近代市民社會諸國の系列にひきあげる決意をもち方法をもつてゐた。天心は「さびしい浪

人の心にやどつた」詩情を思つた。鑑三は「我は日本國のために、日本國は世界のために、世界は基督のために、遂に萬物は神のために」といふ墓碑銘を若年の日に作つてゐた。この同じ日本の市民社會建設のために廟堂にあつて犠牲的な悲しみを描いたのは伊藤博文であつた。福澤諭吉は「學問のすゝめ」をかいた。その功は今日の進歩家によつて充分ねぎらはれても、博文の悲しみを見得るものは、今の世の詩人だけである。しかしながら、明治の精神を崇高に象徴した御一人者は、明治天皇であつた。明治天皇御集は昭憲皇太后御集と共に、一つの大きい明治の記念碑である。

僕は別に古い以前に、それら明治の精神の一つの系譜を述べ、その中では明治天皇御集をも語つたのである。漱石の小説をひいて、初めて「明治の精神」といふ言葉をかいた。近頃林房雄が「乃木大將」といふ小説を改めて發表した。これは最も愛情を以て描かれた乃木大將論である。恐らく詩人でなければ描かれぬ愛情が、意識されぬところにもあらはれ、明治の精神の一つの變型たる乃木大將を描いて、なほ後世の人を愛しませるに足る作品である。乃木と伊藤と、これら藝文史に關係ない精神が、同じ太陽の下のものを代表してゐた。（中略）

明治の精神はいはゞ日清日露の二役を戰ひ勝たねばならぬ精神であつた。天心が藝術上で賭けた廣大無邊の賭けは、又國をあげて賭けねばならぬことがらであつた。アジアは一般に舊世紀であり白人の植民地であるか、それに毅然として否と呼んだのは、天心であり鑑三であり、一般に明治の精神であつた。（中略）

つひに明治の精神は日露の峠を越さなかつた。勝利のあとの悲愁の心は、近代文化と藝文の哀愁を一般に描いたものでなかつた。もつと淡い全身をかけたあとの空虚感であつた。現象としていへば精神の挫折を平和主義の日本國民は勝利の日に味つた。それこそ戰ひに無常迅速を哲學したわれわれの生國の傳統であるか。この精神の挫折のために封建的警世家乃木希典を僕は愛情する。僕ら生國への愛情は乃木大將を否定する近代常識に同じない。僕らは乃木大將の身を以て示したかなしみを知る。示さねばならなかつた日と國の哀れさを充分に知るからである。哀れさを自覺したときの美しい自信をも知る。「芳賀矢一文集」に博士の乃木大將を語つた講演がある。「源平の武人と乃木大將」と題され、大正二年三月の講演であることに意味がある。博士はその中で古武士の典型として、日本の武士道の花といはれた源平の勇士に較べて、乃木大將の武人として遙かに厳粛な倫理的完成を見出し、それらの比較から、古の日本の花といはれた頃の古武士にあつた卑俗の背徳性を語つて、むしろ大將の人工的に完璧な倫理實践を聖代の產と述べたものである。この論文は明治を顯揚し、聖代を謳歌した一つの文章であつた。口演を筆にしたゆゑに空虚にまでひゞく位に激しい禮讃である。すべては明治への信頼と自負に源したといふべきである。われらの大帝の日の無比の幸福であつた。時代への信頼の中樞點があつたゆゑに、一切の古武士よりすぐれた權化をこの混亂の同時代に描き得たのである。森鷗外も亦乃木大將に禮讃を展いたのである。かつての日に人工の倫理は權化とされた。しかし戰後の精神の中では、大將がかつてあつた以上に封建的警世家たることに意味がある。哀れな日本の日の負はされた使命である。

学習院時代の胸像
小倉右一郎謹作

かたくなにみやびたるひと

乃木希典

平成三十年十一月三日　第一刷発行

編著者　乃木神社総代会
文責　文榮友隆
発行人　藤本隆之
発行　展転社

〒101-0051 東京都千代田区神田神保町2-46-402
TEL　〇三（五三一四）九四七〇
FAX　〇三（五三一四）九四八〇
振替〇〇一四〇―六―七九九九二

印刷製本　中央精版印刷

定価［本体＋税］はカバーに表示してあります。

ISBN978-4-88656-467-2